VINDOBONA
VERLAG ℜ SEIT 1946

RANI GINDL

MEIN LEBEN, MEINE LUNGENTRANSPLANTATIONEN UND ICH

SINN UND GLÜCK IN SCHWIERIGEN ZEITEN FINDEN

Eine Patientin berichtet

VINDOBONA
VERLAG · SEIT 1946

Bibliografische Information
der Deutschen Nationalbibliothek:

Die Deutsche Nationalbibliothek
verzeichnet diese Publikation in
der Deutschen Nationalbibliografie.
Detaillierte bibliografische Daten
sind im Internet über
http://www.d-nb.de abrufbar.

www.vindobonaverlag.com

© 2021 Vindobona Verlag

ISBN: 978-3-949263-02-6
Lektorat: Mag. Angelika Mählich
Umschlagfotos: Rani Gindl,
Chuotnhatdesigner,
Artjafara | Dreamstime.com
Umschlaggestaltung, Layout & Satz:
Vindobona Verlag
Innenabbildungen: Rani Gindl

Gedruckt in der Europäischen Union
auf umweltfreundlichem, chlor- und
säurefrei gebleichtem Papier.

INHALTSVERZEICHNIS

VORWORT

Dieses Buch wurde von mir, aus von mir auf meinem Blog publizierten Texten, zusammengestellt, welche während der Wartezeit auf meine zweite Lungentransplantation und im ersten Jahr nach dieser entstanden sind. Mir war wichtig zu zeigen, was jemand, der vor einer Lungentransplantation steht, so denkt. Worum die Gedanken kreisen, aber auch, dass dies alles Dinge sind, welche, wohl in anderer Form, aber doch, auch gesunde Menschen betreffen. Mein Wunsch ist es, möglichst vielen Menschen die Angst oder Sorge vor einer Transplantation zu nehmen und vor allem zu sagen: „Du bist nicht allein mit deinen Ängsten, Sorgen, Gefühlen und Zweifeln! Diese sind normal und es darf weitergehen."

Als Patientin und Informationssuchende und habe ich die Inhalte hier nach bestem Wissen und Gewissen zusammengetragen und formuliert. Dieses Buch erhebt keinen Anspruch auf Vollständigkeit. Alle Inhalte wurden von mir recherchiert und alle Quellen der Informationen im Text angegeben, sollte sich einer dieser Informationen, vor allem im Bezug auf die Transplantation, ändern, übernehme ich keinerlei Verantwortung. Der geschätzte Leser, die geschätzte Leserin möge bitte den Links folgen, die ich angeführt habe, den Arzt des Vertrauens befragen oder anderes medizinisches Personal.

Mein besonderer Dank geht an den Verein PH Austria und den Lungenkinder Forschungsverein, ohne deren finanzielle Unterstützung und Expertise rund um die Publikation von Büchern die Veröffentlichung dieses Buches nicht möglich gewesen wäre. Am Ende des Buches wird der Verein und seine Tätigkeit vorgestellt.

Rani Gindl, BA
Wien, im November 2020

Danke, Du Körper, Du – ein Gedicht

Da bist Du, Du Körper.
Mein Leben lang trägst Du mich, erträgst alles,
was mir und mit mir geschieht.
Zuerst war es mir gar nicht so bewusst.
Du warst mir nicht bewusst, ganz selbstverständlich.

Ich habe gar nicht über Dich nachgedacht.
Du warst einfach immer da. Gesund. Oder?
Habe ich es einfach nur nicht bemerkt?
Deine Signale zu verstehen,
dazu habe ich lange Zeit gebraucht.

Verstanden hab ich sie trotzdem nicht ganz.
Du klopfst immer nur ganz leise an, flüsternd.
Langsam beginne ich zu verstehen,
wie unendlich wertvoll Dein Geschenk ist.
Du, mein Geschenk. Ohne Dich wäre ich nicht
in diesem Leben.

Zweimal hast Du nun ausgehalten, dass ich repariert wurde.
Zweimal schon hast Du nun erlebt, durchlebt,
erduldet aufgeschnitten zu werden.
Aufgeknackt.
Trotzdem machst Du weiter.
Du regenerierst Dich immer neu. Jeden Tag mehr.
Die Narben sind sichtbar, fühlbar und doch sind sie nur ein
kleiner Teil dessen, was Du für mich auf Dich genommen hast.

Du bist da. Und ich?
Ich habe gelernt, auf Dich zu hören.
Dich zu schätzen, Dich zu ehren.
All Deine Vorgänge mit ehrfurchtsvollem Staunen zu
beobachten, und langsam begreife ich dieses Geschenk neu.

Und ich bin voller Dankbarkeit und Freude.
Ich weiß nun um Deine Gabe.
erkenne endlich Deinen Wert.
Und verstehe endlich Deine Sprache.
Du, Körper, Du.

Danke, dass Du mich trägst.
Erträgst, leitest, führst, beschützt.
Ich tue nun dasselbe für Dich.

Ich bin nicht nichts ohne Dich,
aber auf dieser Welt bewegt mich Deine Kraft.
Also bin ich da, Dich zu pflegen, Dich gut zu versorgen
mit Nahrung, Bewegung und Ruhe und Berührung.
Alles zu seiner Zeit, in der richtigen Menge.

Danke, Du Körper, Du. Danke.

WARUM DIESES BUCH

Vor meiner ersten Lungentransplantation habe ich „die Transplantation" als Schreckgespenst wahrgenommen. Ich habe mich vor einem Leben als Patientin gefürchtet, dabei hatte ich als Lungenhochdruck-Patientin (PH-Patientin) bereits die längste Zeit ein Leben als „Kranke" geführt. Der Mensch passt sich an und auch ich habe mich angepasst. Ohne die Organspende wäre ich gestorben.

Sieben Jahre später war klar, dass ich eine zweite Spenderlunge brauchen würde. Dieses Mal war ich besser vorbereitet. Ich wusste ungefähr, was mich erwarten würde, oder zumindest dachte ich das. Denn es war alles ganz anders. Heute, fast drei Jahre danach, schreibe ich an meiner Geschichte. Dabei ist mir aufgefallen, wie viel ich über die Transplantation in Österreich recherchiert hatte. Während der Wartezeit habe ich mich intensiv mit allem beschäftigt, was mir begegnet ist, habe Informationen, Gefühle und Emotionen wie Angst, Wut, Freude, Zweifel, Hoffnung und Liebe und viele Blogartikel zu diesen Themen veröffentlicht. Beim Durchlesen dieser Artikel kam mir der Gedanke, diese als Buch zu veröffentlichen, um damit betroffenen PatientInnen und Angehörigen die Möglichkeit zu geben, durch meine Erfahrungen ein Bild von einem geschenkten Leben zu bekommen und Antworten auf offene Fragen, die vielleicht nie gestellt werden, zu bekommen.

Außerhalb von Patientenvereinigungen ist das kaum möglich und ich denke an meine eigene Zurückhaltung zurück, wenn es darum ging, Fragen zu stellen, Schwäche zuzugeben oder um Hilfe zu bitten. In diesem Buch finden sich auf den nächsten Seiten nicht nur Informationen zur Lungentransplantation, sondern eben meine persönlichen Gedanken zum Thema Wohlbefinden,

Tod und Leben. Zusätzlich enthält dieses Buch Informationen zur Patientenvereinigung Lungenhochdruck und eine Liste von Organisationen. Meine liebe Kollegin Kathrin Prossegger, Patientin und Wunder-Frau, hatte diese Informationen über Jahre gesammelt und mit mir gemeinsam in einem kleinen Projekt veröffentlicht.

Bereits als 16-Jährige habe ich mir die Frage nach dem Sinn des Lebens gestellt. Aktuell scheint er zu sein, mein Wissen zu teilen. Meine Interessen sind persönliche Weiterentwicklung, positive Lebensführung, Meditation, die Yogaatmung und gesunde Bewegung. Als ausgebildete Yogalehrerin und Yoga-Passionata mit Ausbildungen in Mediation, Coaching, Ayurveda, Stress- und Burn-out-Prävention habe ich neben meinen persönlichen Erfahrungen auch Werkzeuge und Strategien gelernt, um im richtigen Ausmaß unterstützen zu können. Mein Bestreben ist es, Menschen dabei zu helfen, auch in schwierigen Situationen einen persönlichen Weg zu mehr Glück, Zufriedenheit und damit zur Heilung zu finden.

Heilsein bedeutet nicht nur, frei von Krankheiten zu sein, es bedeutet, zu sehen, was möglich ist und sich ganz zu fühlen, auch, wenn wir mit schwerer Krankheit zu tun haben. Aus diesem Grund möchte ich dieses Buch in die Welt schicken. Als Medium der Information, als Inspiration, als Trost und als Zeichen dafür, dass nichts wirklich nur schlimm ist, wenn wir mutig unseren Weg gehen. Irgendwo im Buch steht, der Tod ist ein Versprechen, das wir bei unserem ersten Atemzug bekommen haben. Aber die Zeit zwischen dem ersten und dem letzten Atemzug sollten wir doch mit so viel Freude, Liebe und Glück wie möglich füllen. Von innen nach außen. Ich hoffe, dass dieses Buch Freude und Hoffnung geben, offene Fragen beantworten und Angst nehmen kann.

Das Buch ist jedoch auch für all diejenigen gedacht, die nach einer Transplantation stehen und feststellen, dass doch alles irgendwie anders ist. Vor allem verändert man selbst sich in der Zeit während der Krankheit und dann ist plötzlich wieder alles gut. Damit muss man erst einmal klarkommen. Aber das ist normal. Auch davon handelt dieses Buch. Es ist normal, dass alles anders ist. Es ist jedes Gefühl, auch Wut und Angst, genauso normal wie Freude und das Gefühl, wieder ein Kind zu sein. Nach einer Transplantation lernt man sich oft erst neu kennen. Manche Dinge verändern sich, andere bleiben gleich. Aber es kommt auch so viel dazu. Ganz einfach, weil man jetzt wieder die Kraft dazu hat, weil man sich Dinge wieder zu-traut, weil man auf einmal wieder „Saft" in den Venen hat. Pure Lebenskraft. Prana. Das macht etwas mit uns und das ist OK. *Du* bist OK., und vor allem nicht allein auf deinem Weg. Da sind viele, die vor dir schon einmal solch einen einzigartigen Weg gegangen sind. Die das Geschenk des Lebens mehrmals erleben durften. Du bist einzigartig, aber nicht der/die Einzige und somit nicht allein. Das ist eine meiner wichtigsten Erkenntnisse. Ich freue mich, wenn dieses Buch auch nur einen kleinen Teil dessen erfüllt, was ich mir dafür wünsche. Die meisten Artikel wurden kaum verändert, ich bitte daher um Nachsicht, wenn sich Dinge wiederholen.

Viel Freude beim Lesen!

Namaste
Rani Gindl, BA

ORGANSPENDE UND TRANSPLANTATION

In den nächsten Kapiteln dieses Buches geht es um das Thema Transplantation (in Österreich). Ich gebe Antworten auf Fragen zur Transplantation und auf Fragen dazu, wie man denn mit frisch transplantierten PatientInnen umgehen soll. Manche Kleinigkeiten sind für gesunde Menschen einfach sehr ungewohnt und ich habe eine kleine Liste gemacht mit Dingen, die man beachten sollte. Nach der Transplantation war mir wichtig zu zeigen, wie denn das Leben in den ersten Monaten so läuft und auch der Umgang mit Krankheit wird zum Thema. Im ersten Jahr haben mich besonders Dinge beschäftigt, die ich wieder konnte und ich trotz aller Kraft noch nicht schaffte und auch nicht schaffen konnte. Es geht darum, wie ich meine Balance langsam wiedergefunden habe. Wie das Leben auf einmal weitergeht. Ich schreibe aber auch darüber, wie der Tod mir zum Freund geworden ist und dass der Weg „zurück" nicht immer einfach ist. Veränderungen brauchen Zeit. Auch wenn es auf einmal wieder gut ist. Wir erholen uns nicht nur von einer Operation und von langjähriger Krankheit. Wir erholen uns von dem Schock, den die Lebenskraft in uns auslöst. Es ist wie ein Gewinn im Lotto. Man muss erst einmal damit zurechtkommen. Ich spreche über Narben und darüber, wie wichtig es ist, auf seine Gedanken zu achten, wenn man wieder heil werden möchte, von der Unsterblichkeit und anderen Illusionen.

Antworten auf vier (mir gerade) häufig gestellte Fragen zur Organspende

Diesen Artikel habe ich am 4. Juli 2018 verfasst.

Ich bin jetzt ein bisschen über 180 Tage auf der Warteliste für eine Organspende, genauer gesagt, für eine Spenderlunge. Das ist, würde ich sagen, normal für eine Wartezeit. Wobei, so genau lässt sich das nicht sagen. Die mittlere Wartezeit von ca. 3,7 Monaten (aktuelle Zahlen) ist jedenfalls überschritten. Vor acht Wochen kam der erste Anruf, das Organ wurde geprüft, war aber für eine Transplantation nicht geeignet.

In meinem Bekanntenkreis bin ich nicht die Einzige, die transplantiert ist. Natürlich lernt man auf Reha, im Krankenhaus und über Facebookgruppen Menschen kennen, die eine ähnliche Geschichte haben. Da ist das normal, dass man viele transplantierte PatientInnen kennt, aber für meine gesunden Freunde und Bekannte ist es eher so, dass ich die Einzige bin, die sie kennen, die mit diesem Thema zu tun hat, also transplantiert ist. Aus diesem Grund bekomme ich auch immer wieder dieselben Fragen gestellt. Ist auch klar: Wenn man damit nicht konfrontiert ist, dann informiert man sich auch nicht.

Für mich war das Thema Organspende gänzlich unbekannt, bevor ich ca. 2008, damals Lungenhochdruck-Patientin, das erste Mal davon hörte. Trotzdem war das Thema für mich weit weg. Ich habe mich überhaupt nicht damit beschäftigt. Nicht einmal, als ich transplantiert und „gesund" war, habe ich mich richtig informiert. Erst jetzt, wo ich eine chronische Abstoßung habe, beschäftige ich mich so richtig mit dem Thema Organspende. Hier habe ich die Antworten auf die vier häufigsten Fragen zusammengestellt. Ich beantworte sie, so gut ich kann. Auf meinem Youtube-Kanal habe ich bereits vor einiger Zeit ein Video über Organspende in Österreich veröffentlicht. Du findest dort einige Videos zum Thema.

#1: Hast du schon einen Termin?

Die Antwort ist nein. Für Organspenden gibt es keinen Termin. Es gibt eine Warteliste, auf der man je nach benötigtem Organ gelistet ist, wenn man der oder die „Nächste" ist, braucht es noch ein passendes Organ, das man dann über das Transplantationszentrum (Transplantation ab hier TX) angeboten bekommt.

Organspende: Infos und ein paar eigene Erfahrungen:
Ich wurde angerufen. Bei diesem Anruf wird man von einem Koordinator darüber informiert, dass es ein mögliches passendes Organ gibt. Am nächsten Tag wurde ich mit der Rettung ins Krankenhaus gebracht. Nachdem ich angekommen war, fuhr das Chirurgen-Team zum Spender, um die Lunge zu explantieren. Erst dann kann man sagen, ob das Organ wirklich passt (Größe), und ob es für eine Transplantation infrage kommt, also ob es gesund ist. Das ist nicht immer so. Ist das Organ explantiert, muss es schnell gehen. Es geht um (drei bis zwölf!) Stunden.

Beim englischen Verein „SLDO" (Save Live Donate Organs) habe ich die Information gefunden, die besagt, dass die Wahrscheinlichkeit, selbst ein Organ zu benötigen, sechsmal höher ist, als selbst zum Spender zu werden! (In Österreich: 89,6 Operationen pro Million!! Einwohner)[1] In Österreich ist die Sterblichkeitsrate auf den Wartelisten relativ gering. Das liegt auch darin begründet, dass in Österreich die Widerspruchsregelung gilt. Das bedeutet, dass jeder potenzieller Spender ist, wenn er dagegen nicht widerspricht.[2]

Nicht jeder Mensch, der stirbt, ist automatisch ein Organspender. Es gibt in Österreich ein eigenes Gesetz[3], das die Organspende re-

---

1 https://www.derstandard.at/story/2000082639445/oesterreich-fuehrend-bei-organtransplantionen
2 Widerspruchsregister: https://transplant.goeg.at/widerspruchsregister
3 https://www.ris.bka.gv.at/GeltendeFassung.wxe?Abfrage=Bundesnormen&Gesetzesnummer=20008119

gelt. Ja, es gibt und gab Missbrauchsfälle, doch in den acht Ländern der Eurotransplant[4] ist dies nicht notwendig. Ich finde den Film der Eurotransplant[5] dazu sehr gut, um zu sehen, wie Organspende in den Ländern, die bei Eurotransplant mitmachen, funktioniert.

In Deutschland gibt es diese (Widerspruchs-)Regelung nicht. Dort gilt, nur wer sich in das Organspende-Register einträgt, ist auch Spender. Der Film von Planet Wissen[6] zeigt einen Fall, der diskutiert wird, und spricht auch die Schwierigkeiten diesbezüglich an. Fakt ist: Organspende rettet Leben. Wie hoch die Sterblichkeitsrate in Deutschland ist, kann ich nicht sagen. (Information Organspende D[7])

#2: Das Organ wird auch nach so langer Zeit noch abgestoßen?

Ja, es gibt chronische Abstoßungen, von denen man nicht weiß, warum sie auftauchen. Manche kann man mit einer Behandlung (Photopherese[8]) stoppen. Manche nicht. Fakt ist, dass eine Transplantation *„nur"* eine lebensverlängernde Maßnahme ist. Wann so eine Abstoßung kommt, kann man auch nicht sagen.

Es gibt mehrere Arten der chronischen Abstoßung. Was bei mir passiert ist, dass das Organ langsam kaputtgeht. Zelle für Zelle. Im Moment entzünden sich meine kleinen Atemwege, dann sterben sie ab. Vermutlich, bis es keine mehr gibt. So genau will ich es gar nicht wissen. Ich hoffe, dass die Spenderlunge da ist, bevor ich das herausfinde.

---

4 https://www.eurotransplant.org/cms/index.php?page=pat_austria
5 https://vimeo.com/127909696
6 https://www.planet-wissen.de/video-organspende-eine-neue-lunge-fuer-josef-moosmann-100.html
7 https://www.organspende-info.de/
8 https://www.youtube.com/watch?v=aU3Rqe2MXJg

#3: Bist du danach wieder ganz gesund?

Jein. Nach einer Transplantation (TX) nimmt man ein Leben lang Medikamente, die das Immunsystem unterdrücken. Natürlich nicht vollständig, denn sonst wäre ein Leben nicht möglich, aber so weit, dass eine akute Abstoßung ausgeschlossen werden kann. Medikamente wirken im Körper aber leider nicht immer nur so, wie sie sollen, und ab drei Medikamenten kann man die Wechselwirkungen nicht mehr bestimmen. Trotzdem ist die Einnahme von verschiedenen Medikamenten notwendig. Wie viele und welche, ist von Mensch zu Mensch unterschiedlich. Zu meinen wesentlichen Medikamenten nach der TX zählen: Immunsuppressiva (oft zwei verschiedene), Kortison, Antibiotika, ein Magenschutz, Kalzium und Magnesium (damit aufgrund des Kortisons die Knochen nicht schwinden), manchmal auch Blutdruckmedikamente. Je nach PatientInnen und Organ ist das auch unterschiedlich. Manchmal scherze ich im Sommer, dass mich keine Gelsen stechen, weil die den Cocktail riechen und das „giftige Zeug" nicht trinken wollen. Humor ist, wenn man trotzdem lacht.

TX-PatientInnen müssen sich regelmäßigen Kontrollen unterziehen. Zuerst wöchentlich, dann werden die Abstände angepasst. Aktuell sind es ungefähr alle drei Monate. Für LuTX bedeutet das: Blutabnahme (Werte und „Spiegel" für die Immunsuppression), Lungenröntgen, Lungenfunktion.

Kranke Menschen zu treffen oder zu sehen ist untersagt. Vor allem im ersten Jahr, aber eigentlich auch sonst, denn wir haben durch die Medikamente immer „Open House" für alle Bakterien und Viren. Eine Grippe kann dich ins Krankenhaus bringen, eine Lungenentzündung kann tödlich sein. Wirklich gute Freunde geben dann eben kein Küsschen.

Manche Speisen und Getränke (sehr unterschiedlich in D/A) sind tabu. Dazu zählen Grapefruits, deren Enzyme eine Abstoßung auslösen können, Schimmelkäse, roher Fisch und Fleisch sind zu meiden (oder wenn überhaupt, mit viel Hausverstand zu beurteilen) Auch die Aloe Vera ist tabu – sie stärkt nachweislich das Immunsystem.

Reisen in manche Länder ist nicht mehr gestattet. Fremde Krankheitserreger, die das Immunsystem nicht kennt, unterschiedliche Hygienestandards, ungewohnte Wettersituationen (tropisches Wetter ist z. B. sehr anstrengend). Also Abenteuerurlaub lieber in den heimischen Alpen oder dort, wo sich der Organismus wohler fühlt und nicht allzu sehr herausgefordert wird.

Man fühlt sich irgendwann gesund, man wirkt auch oft so, aber wirklich ganz gesund ist man nie. Ich betone gerne, dass jeder die Verantwortung für seinen Körper hat. Um gesund zu bleiben, mache ich regelmäßig Sport und Bewegung, ernähre mich gesund und versuche mich nicht zu überfordern, Stress zu meiden und vor allem glücklich zu leben. Sport ist deshalb so wichtig, weil regelmäßige Bewegung hilft, die kleinen Atemwege offen zu halten und deshalb die Lungen kräftigt.

#4: Kannst du noch hinausgehen?

Vor meiner (Re-)Transplantation habe ich ungefähr Ende November 2017 meine Ausflüge stark reduziert. Es ging einfach nicht mehr. Schon kurze Strecken haben mich total ermüdet. Und wenn ich kurz sage, meine ich zirka 150 Meter. Ein Ausflug auf eine Einkaufsstraße in den Weihnachtsferien war für mich deshalb unglaublich anstrengend. Ich war mit Sauerstoff unterwegs und total gestresst, weil ich versucht habe, jedem auszuweichen, der mich in meiner Langsamkeit übersehen hat. Ins Krankenhaus wurde ich mit einem Fahrtendienst gebracht. Und ganz ehrlich, sonst hatte ich ohnehin keine Wunsch-Ausflugsziele. Ich wollte mir auch nicht (wieder) überlegen müssen, ob die Toilette im Lokal im Keller oder Obergeschoss ist und wie ich dann wieder auf meinen Platz komme. Ich hatte zwar ein tragbares Sauerstoffgerät (Sauerstoff seit Dezember), aber das ist bei dem aktuellen Verbrauch in zwei bis drei Stunden leer. Ich wollte auch in keinem kleinen Hotelzimmer sitzen, wenn ich es zu Hause auch gemütlich habe. In unserer Wohnung haben wir einen wunderbaren Balkon, um den sich mein Mann sehr liebevoll kümmert. Diese kleine Oase hat mir wirklich das Leben versüßt, sodass mir nichts abging. Es ist nicht schön, aber es war OK weil ich wusste, dass es ein Ablaufdatum hat. Ich dachte mir „Wenn meine neue Lunge für mich atmet, werde ich wieder hinausgehen, werde spazieren, atmen, lachen, alles gleichzeitig!" Das war ein herrlicher Gedanke, denn in dieser Zeit brachte mich Sprechen und Stehen schon außer Atem.

Aktuell vom Standard publiziert: Österreich führend bei Organtransplantationen[9]

Weiterführende Links:

- http://www.hlutx.at/
- http://argeniere.at/
- https://www.meduniwien.ac.at/hp/chirurgie/abteilungen/transplantation/
- https://transplant.goeg.at/

9 https://mobil.derstandard.at/2000082639445/Oesterreich-fuehrend-bei-Organtransplantionen

Guten Freunden gibt man kein Küsschen.
Umgang mit transplantierten PatientInnen

Diesen Artikel schrieb ich am 25. Juli 2018 – 15 Tage nach meiner Re-TX

Vor einigen Tagen habe ich mit einer ebenfalls vor Kurzem trans-plantierten Freundin über ein heikles Thema gesprochen. Es ist etwas, über das man normalerweise gar nicht nachdenkt, das aber bei transplantierten PatientInnen zu Komplikationen führen kann – das „Begrüßungsbussi". Der Wange-Wange-Kuss, der bei uns in Österreich, aber auch in anderen Ländern, als Zeichen von Freundschaft gewertet wird. Doch was ist, wenn man „verwei-gert"? Das Gegenüber könnte das als Affront verstehen, könnte die Freundschaft infrage stellen. Man könnte als transplantier-ter Mensch als übervorsichtig hingestellt werden, als jemand, der etwas „Besonderes" sein mag, als jemand, der sich über die anderen stellt als hysterische Person. Die Wahrheit könnte nicht weiter entfernt sein. Das hat mich dazu gebracht, einen Artikel darüber zu schreiben, indem ich beschreibe, was beim Umgang mit transplantierten PatientInnen wichtig und zu beachten ist.

Die Lebenswelt einer transplantierten Person ist zweischneidig

Einerseits fühlt man sich gesund. Wenn die ersten Monate ver-gangen sind, man die Schmerzen nach der Operation und die Mühsal im Krankenhaus vergessen hat. Wenn man die schlaflo-sen Nächte vergisst. Den lauten Besuch der Zimmernachbarin, schnarchende Zimmergenossinnen, und die komplette Palette an-derer menschlicher Geräusche inklusive nächtelangem Schmerz-stöhnen, das Wachwerden durch die sich immer wieder öffnen-de Türe, weil einer von drei Zimmerbewohnern der Schwester/ dem Pfleger geläutet hat, wo man doch gerade eingeschlafen war. Wenn man das schlechte Gewissen endlich verdrängt hat, weil man selbst um 3:30 Uhr läuten muss, weil man die Schmerzen nicht mehr aushält oder auf die Toilette muss. Das anschließende Warten, weil außer einem selbst noch 30 andere PatientInnen zu versorgen sind. Wenn die Freude darüber, endlich wieder allein auf die Toilette gehen und sich selbst waschen zu können, wieder zur Normalität wird. Dann beginnt man sich wieder wie ein *normaler* Mensch zu fühlen.

Wenn die Erinnerungen an all diese Begebenheiten langsam undeutlicher werden, kehrt auch das Leben in einen zurück und bereits kurze Zeit nach der TX spürt man, wie die Kraft wieder zurückkommt. Dieses wunderbare, kaum zu beschreibende Gefühl, dass man vielleicht in seinem Leben so noch nie gefühlt hat. Man spürt sich lebendig, frei, furchtlos und *unsterblich*. So wie vermutlich die meisten Menschen auch, denn ich glaube, ohne Anlass denkt kaum jemand über den eigenen Tod wirklich nach, geschweige denn, dass man sich gerne mit der eigenen Verletzbarkeit auseinandersetzt.

Und das mit der Kraft wird immer besser! Woche um Woche, Monat um Monat, Jahr um Jahr. Bis man schließlich vergessen möchte, dass man transplantiert ist. Bis man einfach *ein ganz normaler Mensch* sein will. Ohne all die Regeln und Einschränkungen, die man als transplantierter Mensch beachten *muss*, um gesund zu bleiben. Auch wenn nicht alles in der eigenen Macht liegt. Ein transplantierter Mensch, der sich nicht an die Regeln hält, bekommt leider sehr leicht Probleme.

Wir sind nicht gesund – wir sehen nur so aus!

Das Immunsystem wird unterdrückt. Immer! Die Medikation gilt lebenslänglich. Und wenn das Immunsystem unterdrückt wird, dann wird man schneller krank. Man bekommt vielleicht nicht alles, aber das, was man bekommt, bekommt man ganz einfach! Da ist einfach keine Kavallerie, die sich gegen die Eindringlinge zur Wehr setzen kann. Das Problem dabei ist, dass eine Grippe schnell zum Grund für einen Krankenhausaufenthalt werden und eine Lungenentzündung lebensgefährlich sein kann. Das braucht für den, der uns ansteckt, gar nichts Schlimmes gewesen sein, aber mit einem geschwächten Immunsystem haben wir keine große Chance. Aus diesem Grund sollten transplantierte Menschen in öffentlichen Verkehrsmitteln und Orten, wo besonders viele Menschen sind, einen Mundschutz tragen. Im ersten Jahr ohne Ausnahme, wenn wir klug sind, auch sonst. Vor allem in Jahreszeiten, wo Grippen weitergegeben werden, wie sonst nur Katzen-Videos auf Facebook.

Wir entscheiden vielleicht deshalb aus dem Bauch heraus, ob heute Küsschentag ist, und wenn wir uns nicht sicher fühlen, entscheiden wir uns dafür, einfach gänzlich aufs Küsschen zu verzichten. Auch wenn wir z. B. die beste Freundin gerne mal wieder umarmen würden. Ist sie verschnupft – leider nein.

Krankenhausbesuche

Wenn es einem richtig schlecht geht, sind Besuche nur halb so schön und das Thema Besuche im Krankenhaus ist mir ein besonderes Anliegen. Im Lauf der Krankenhausaufenthalte habe ich gelernt, wie anstrengend es sein kann, wenn sich den ganzen Tag BesucherInnen einstellen. Jeder mag es, Besuch zu bekommen, aber es ist anstrengend. Jeder Mensch, der im Krankenhaus liegt, ist da aus einem Grund. Vor allem zur Regeneration gehört vor allem Ruhe. Ich habe gelernt, dass es wichtig ist, Besuche zu dosieren und vor allem darauf zu achten, dass die BesucherInnen mir auch guttun. Ich habe überlegt, wie es mir nach dem Besuch geht. Mehr Energie oder weniger. Das war ausschlaggebend. *Natürlich* freue ich mich, wenn viele Menschen an mich denken und mich besuchen wollen, aber ausruhen und heil werden kann ich besser, wenn ich für mich bin. Fürs Gesundwerden braucht man Ruhe. Niemandem würde einfallen, sich während einer Grippe oder der anschließenden Rekonvaleszenz viele Freunde einzuladen – auch die besten nicht, denn Regeneration braucht Entspannung und Erholung und somit: Ruhezeit. Mir hat es geholfen, mir die Besuche einzuteilen. Schon vorher darum zu bitten, sich mit mir auszumachen, wer wann kommen möchte. So hatte ich jeden Tag Besuch, manchmal auch zweimal, aber nicht zur selben Zeit und schon gar nicht zu viele Menschen auf einmal. Hat für alle gepasst und Vorfreude ist doch auch die schönste Freude.

Empfehlungen für BesucherInnen

Keine spontanen Besuche. Diese sollte man, wenn man die Person im Krankenhaus wirklich schätzt, schlicht vermeiden. Der Krankenhausaufenthalt bringt ja auch Behandlungen und Therapien mit sich, Visiten, Pflege usw. Es ist im Sinne von allen Beteiligten, wenn man sich vorher telefonisch oder per SMS anmeldet. Dann kann der/die Patient/in im Fall selbst entscheiden, ob er/sie sich stark genug fühlt, Besuch zu empfangen oder nicht.

Blumengeschenke? Nein, danke. Zunächst mal sind Blumentöpfe sowieso tabu für Transplantierte, aber auch über Schnittblumen freuen wir uns nicht, denn da müsste das Wasser täglich gewechselt werden. Das tut im Krankenhaus niemand. Das Wasser steht, es bilden sich Bakterien, die in die Luft steigen und dann da herumschwirren. Besonders lungentransplantierte PatientInnen sind hier gefährdet, denn die Lungen sind das einzige Organ des menschlichen Körpers, das nach außen hin offen ist. Bakterien und Pilze, die erst mal ihr Plätzchen in der Lunge gefunden haben, wollen dort nie wieder raus. Das kann zu unangenehmen Antibiotika- oder Kortisongaben oder Schlimmerem führen.

Bist du jetzt gesund?

Wenn ich in die strahlenden Gesichter meiner Freudinnen blicke, die mich hoffungsvoll fragen, ob ich jetzt gesund bin, und ob alles nun überstanden ist, muss ich das leider mit „Nein" antworten. Natürlich habe ich ein neues Leben geschenkt bekommen, aber *ohne* Garantie!

Niemand weiß, wie lange so ein transplantiertes Organ hält, wie lange ich damit leben werde, kann kein Arzt der Welt mir sagen. Ein transplantiertes Organ altert schneller als das originale, selbst wenn dieses krank ist. Ein Organ kann abgestoßen werden. Die Gefahr einer akuten Abstoßung ist im ersten Jahr höher als in den nachfolgenden, aber sie besteht auch in den weiteren Jahren. Und es gibt eben auch die chronische Abstoßung. Diese kann mit einer Therapie aufgehalten werden, sie kann aber auch zu einer notwendigen (Re-)Transplantation führen. *Aber*: Ich darf mich gesund fühlen, darf so fit werden, wie es mir möglich ist, und ein Leben leben, das man als „normal" bezeichnen kann. Ich darf mir über kleine Dinge Sorgen machen, mich über Bewegung und Beschwerdefreiheit freuen und ich darf auch mal vergessen, dass es nicht selbstverständlich ist, am Leben zu sein.

Kann jeder transplantiert werden?

Für eine Transplantation muss man einige Voraussetzungen mitbringen. Eine davon ist, dass es gewährleistet sein muss, dass es für den/die Patient/in ein Überleben nach der Transplantation gibt. Ziemlich harte Fakten, wenn es um ein menschliches Leben geht. Ist man für eine (Re-)Transplantation in der richtigen Verfassung, so werden etliche Untersuchungen notwendig, damit man auf die Eurotransplant-Liste kommt. Sind alle Untersuchungsergebnisse da, werden diese gemeldet, dann kommt der/die Patient/in entsprechend seines „Scores" einen Platz in der Reihung aller, die auf ein Organ warten. Je nachdem, wie viele

Menschen schon auf das entsprechende Organ (Herz, Lunge, Leber, Niere) warten, und je nachdem, wie dringend der/die Patient/in gelistet ist, wird man früher oder später drangenommen. Voraussetzung ist allerdings auch immer, dass ein entsprechendes Organ (Blutgruppe und Größe) zur Verfügung steht. Mitunter erlebt es der Empfänger nicht mehr. Je nach Land und Regelung der Organspende sterben mehr oder weniger Menschen auf der Warteliste auf ein neues Leben. Als transplantierter Mensch achte ich also darauf, möglichst nicht krank zu werden, versuche mein Umfeld zu sensibilisieren und zu informieren.

Die Regeln für das Leben mit Spenderorgan

- Die tägliche Einnahme von Medikamenten
- Regelmäßige Kontrollbesuche im Krankenhaus
- Keine kranken Menschen treffen
- Im Grunde genommen gelten für uns dieselben Essensregeln wie für Schwangere, es gilt aber auch: keine probiotischen Joghurts, kein Kefir, keine Aloe Vera, Kombucha, keine Grapefruits und auch bei natürlichen Mitteln immer Rücksprache halten (Johanniskraut)
- Natürlich kein Schimmel im Wohnbereich – was leider auch bedeutet: keine Pflanzen
- Im ersten Jahr keine öffentlichen Verkehrsmittel (vor allem in Wien)
- Keine Flugreisen in Länder mit niedrigem Hygienestandard
- Keine Besuche/Arbeit in Ställen (Tierkot)
- Keine Gartenarbeit (Bakterien in der Erde)
- Ein Tier ist erlaubt, Kurzhaar, Hund besser als Katze (= Kiste nur mit Handschuhen und Mundschutz)
- Menschenmassen meiden

Für transplantierte Menschen bleibt immer das Risiko, leichter krank zu werden. Ob wir alt werden (dürfen?), können wir auch nicht sagen. Transplantierten wird davon abgeraten, Kinder zu bekommen. Männern wie Frauen. Unsere Leben sind anders, geprägt durch ein neues Organ, das uns ein neues Leben schenkt und uns die Möglichkeit gibt, wie gesunde Menschen zu leben. Wenn wir auf uns achten, uns gesund ernähren, „complient" sind, uns also an die Vorgaben und Empfehlungen der Ärzte halten, dann kann es sein, dass wir uns gesund fühlen und gesund aussehen! Wir können uns mit Sport fit halten, und vielleicht sogar fitter aussehen als gesunde Menschen.

Nicht jeder spricht offen darüber. Organspende ist nach wie vor ein schwieriges Thema. Unser Geheimnis tragen wir in uns, das Geheimnis dieses geschenkten Lebens, unser Spenderorgan. Die meisten Transplantierten die ich kenne, feiern ihren zweiten Geburtstag in gleichzeitigem Gedenken an ihren Spender, der mit seinem Tod ihr Leben verlängert hat. Ich finde diesen Gedanken schön, denn dieses Leben ist wirklich ein Geschenk. Es ist ein Geschenk, für das man so vielen Menschen dankbar sein kann! Dem Spender und all jenen, die im Hintergrund gearbeitet haben, Eurotransplant für die Koordination, dem Chirurgen und seinem Team, dem Team der Intensivstation, den Ärzten, Pflegern und Krankenschwestern der Krankenstationen, den Menschen, die einen begleitet haben, die mit einem mitgefiebert und mitgehofft und mitgebetet haben – mögen mir all die verzeihen (oder schreiben), die ich vergessen habe. Ich bin dem Universum dankbar, all den Kräften, die mir geholfen haben, diesen Weg zu gehen und ihn zu überstehen. Ich bin unendlich dankbar und erfüllt von einer tiefen Freude, diese Worte nach meiner zweiten Lungentransplantation schreiben zu können.

Ich hoffe, meine Worte erreichen viele Transplantierte, die durch sie vielleicht mehr den Mut finden in ihrem Umfeld darauf aufmerksam zu machen, dass es notwendig ist, darauf Rücksicht zu nehmen, dass einige Dinge einfach nicht mehr gehen oder anders gemacht werden müssen. Ich wünsche mir, dass meine Worte möglichst viele gesunde Menschen erreichen, die dadurch einen klareren Blick darauf bekommen, wie das Leben transplantierter Mensch aussieht und ich wünsche mir, möglichst viele Menschen zu erreichen, die ihre transplantierten Bekannten, FreundInnen, PartnerInnen so vielleicht ein wenig besser verstehen. Es ist nicht leicht, solche Dinge anzusprechen. Ich wünsche mir, dass ich dazu einen Beitrag leisten kann.

Wir verzichten sehr ungern auf die Küsschen, aber gute Freunde geben uns eben kein Küsschen, denn sie wissen, besonders im ersten Jahr, was das für uns bedeutet.

Anmerkung: Ich spreche hier aus eigener Erfahrung und aus Erfahrung von mehreren Transplantierten, mit denen ich über diese Themen gesprochen habe. Natürlich hält das jeder Mensch, wie er mag. Jede/r Transplantierte ist ein mündiger Mensch und sollte auf jeden Fall lernen, seine Wünsche freundlich aus- und anzusprechen. Möge dieser Artikel ihm/ihr dabei helfen.

Einblick in das Leben nach der Transplantation

Diesen Artikel schrieb ich am 27. August 2018

Nach meiner Lungentransplantation am 10. Juli fühle ich mich gute sieben Wochen danach fast so, als wäre nichts geschehen. Es ist wirklich ein Wunder! Ich fühle mich lebendig! Ich bin unendlich dankbar, denn die Operation ist super verlaufen. Bereits am nächsten Tag wurde ich extubiert (der Sauerstoffschlauch wurde entfernt, weil meine Lunge bereits allein und ohne Unterstützung atmen konnte) und ich wurde gleich für eine Stunde aus dem Bett in einen Sessel gesetzt – die erste Mobilisation. Diese Stunde Sitzen war extrem anstrengend. Aber Programm und Ziel ist, PatientInnen nach solch einer Operation ehestmöglich wieder zu bewegen und selbstständig zu machen. Zu langes Liegen kann zu viel mehr Problemen führen als die Erschöpfung nach einer Anstrengung.

In den ersten Tagen war ich einfach nur glücklich! Endlich war die Lunge da und ich hatte meine neue Chance bekommen! Man kann es sich, glaube ich, nicht vorstellen, wie es ist, auf einmal wieder leicht atmen zu können! Sich wieder kräftig zu fühlen. Zu spüren, wie das Leben in einem fließt und nur darauf wartet, gelebt zu werden. Einfach kein Vergleich zu der Zeit davor! Unvergleichlich! Unbeschreiblich! Sensationell!

Es gab einen Moment, wo ich erlebt habe, wie ein Physio-Schüler sich eine Maske aufsetzen musste, um zu erleben, wie es ist, keine Luft zu bekommen. Das, was ich und so viele andere monate- und jahrelang erleben müssen. Er sollte „nur" zwei Stockwerke hinauf- und hinuntergehen und dies ein paarmal – mit der Atemeinschränkung. Ich hätte es ihm so gerne erspart. Es hat mich so mitgenommen, dass ich weinen musste. Zu wissen, wie das ist, keine Luft zu bekommen. das möchte man einfach niemanden erleben lassen, so unglaublich anstrengend ist das.

Wie genau ist das Leben danach?

Seitdem Niki Lauda am 2. August ebenfalls eine neue Lunge bekommen hat (in Lungenjahren bin ich fast ein Monat älter!), interessieren sich die Medien für das Thema Lungentransplantation und wir Transplantierten bekommen dadurch eine neue Plattform, Aufmerksamkeit, Interesse. Mir gefällt dieses Interesse, denn es ist eine Neugier, die mit *einer* Frage nicht beantwortet werden kann. Das Thema Transplantation ist dafür zu komplex. Auch wenn die Operation gelingt, bedeutet das nicht auch einen erfolgreichen Heilungsverlauf und umgekehrt bedeutet eine komplizierte Operation auch nicht, dass der/die Patient/in nach dem Eingriff noch lange darauf warten muss, sein neues Leben endlich beginnen zu können. Und genau das ist es: ein *neues* Leben. Wie es ist, mit einer neuen Lunge, mit einem neuen Organ zu leben? Ein paar Wochen nach dem Eingriff würde ich kurz sagen: „Großartig"! – Aber was bedeutet das genau? Zunächst einmal möchte ich die Frage klären, ob ich mich anders fühle, seitdem ich transplantiert bin.

Definitiv „ja"! Ich fühle mich anders, weil ich durch dieses Wahnsinnsgeschenk wieder einmal begriffen habe, wie kurz das Leben ist. Vielleicht sagen manche, es sei ein verstärkter Egoismus, aber es bedeutet einfach, dass ich mich über manche Dinge einfach nicht mehr ärgern will und deshalb sage ich eher etwas als früher, wo ich es heruntergeschluckt hätte. Eine neue, aber gesunde Verhaltensweise, an die sich mein Umfeld wohl erst gewöhnen wird. Es ändert sich ja auch für mich wieder sehr viel. Ich bleibe freundlich, aber bestimmt dabei, lieber etwas zu sagen, denn ich möchte mich in meinem neuen Leben gut einleben. Viele Transplantierte verändern ihr Leben. Aus einem Interview habe ich das Zitat: *„Man versucht, irgendwie besser zu leben."* Das bringt es auf den Punkt.

Ein/e transplantierte/r Patient/in hat viele Pflichten. Speziell im ersten Jahr, danach weniger, aber eben den gesamten Rest des Lebens. Da im ersten Jahr die Gefahr der Abstoßung des Organs durch den Körper erhöht ist. Ich gehe hier auf lungentransplantierte PatientInnen ein, und greife auf persönliche Begebenheiten und Erfahrungen zurück. Wie merkt man denn so eine Veränderung? Beispielsweise fällt in kurzer Zeit die Leistung schnell herab oder es tritt Fieber auf. Im ersten Jahr wird ein sogenanntes *Logbuch* geführt, in das täglich der Blutdruck, die Temperatur, der Wert des Peak-Flow-Meters (eine kleine Lungenfunktion) eingetragen und ebenfalls vermerkt wird, ob man Durchfall hatte. Durchfall wirkt sich auf den Medikamentenspiegel aus. Auch die Befindlichkeit oder ob man Schmerzen hat, wird hier täglich eingetragen. Im ersten Jahr wird auch die Dosis der *Immunsuppressiva* eingestellt. Wie bei einem „Feintuning" wird im Blut der sogenannte „Spiegel" gemessen. Je nach PatientInnen muss dieser eine gewisse „Höhe" haben, und so wird in den ersten Monaten wöchentlich das Medikament in der Dosierung verändert. Die Zusammensetzung muss passen, denn die kleinen „Love-Pills", wie ich sie gerne nenne, begleiten uns ja ab sofort.

Es geht in der ersten Zeit also wöchentlich ins Krankenhaus zur Kontrolle. Aktuell bin ich nur alle vier Monate zu Gast im Krankenhaus und bin immer froh, wenn alles gut läuft und ich vor allem bald wieder heimgehen kann. Die Kontrolluntersuchungen werden dem Zustand des/der Patienten/Patientin angepasst. Man ist ohnehin immer in Kontakt mit dem Krankenhaus.

Kranksein braucht Zeit

Und zwar viel. Medikamente einzuschachteln schaffe ich inzwischen unter 30 Minuten und ich organisiere Termine bei Ärzten und Physiotherapeuten und für Massage, Narbenpflege, und auch Psychotherapie. In den ersten drei Monaten – und manchmal etwas länger – musste ich zusätzlich dreimal täglich ein Antimykotikum, ein Mittel gegen Pilzbefall, inhalieren. Die Lunge als nach außen hin offenes Organ ist wesentlich anfälliger für Krankheiten, Keime, Bakterien und Pilze als jedes andere Organ. Manche meiner Bekannten müssen noch wesentlich mehr inhalieren. Jede Inhalation dauert (ohne „Anmischen") zumindest 5 bis zu 30 Minuten. Je nach Medikament und Verdünnung. Das Reinigen der Utensilien nicht miteingerechnet. Dies ist aber besonders wichtig, weil sich Bakterien sammeln können, die man dann ja tief in die Lunge inhaliert. Manche BesucherInnen wird man nie wieder los und jeder Befall bedeutet mehr Antibiotika, Kortison und Inhalationen sowie dichtere Intervalle im Krankenhaus. Das ist eine Belastung für Körper und Geist. Aus diesem Grund trage ich in geschlossenen Räumen (Supermarkt & Co) auch einen Mundschutz. Ich meide Menschenansammlungen und verzichte im Moment sogar auf Umarmungen, Handgeben und Küsschen-rechts-Küsschen-links. In Lokalen suche ich mir einen Tisch, der eher abseits ist. Das AKH Wien verhängt im ersten Jahr sogar ein Öffi-Verbot. Die Mobilität als Nicht-Autobesitzer wird dadurch schon sehr eingeschränkt. In vollen Zügen (egal ob U-Bahn, Bahn, Straßenbahn oder Bus) heißt das

Mundschutz. und in der Grippezeit ist das natürlich selbstverständlich! Ich habe mir auch Baumwollhandschuhe gekauft. Sicher ist sicher. Ein Handdesinfektionsmittel ist natürlich trotzdem immer mit dabei. Lieber einmal zu viel aufpassen! Krankwerden ist gefährlich für (lungen-)transplantierte PatientInnen. Das Immunsystem pendelt sich zwar irgendwann einmal ein, aber es ist immer unterdrückt. Wir werden dadurch schneller und leichter krank. Inzwischen haben wir einen Wagen gekauft. Es erleichtert das Leben ungemein, weil alles dadurch viel einfacher wird.

Mit der Zeit wird man lockerer, aber ich habe immer einen Mundschutz mit. Das Gefühl ohne Mundschutz mitten in einer vollen U-Bahn zu stehen, ist wirklich ungut. Wenn ich mich nicht sicher fühle oder zu viele Menschen im Wagon sind, werde ich auch ein bisschen paranoid, denn besonders, wenn ich die Maske mal vergessen habe, beginnen die Menschen rund um einen zu Husten. Deshalb lieber einmal mehr daran gedacht. In der hygienischen Zip Bag in der Handtasche. Immer griffbereit. (Corona hat unser Leben dahingehend doch sehr verändert.)

Sport und Bewegung – unser Beitrag zu unserer Gesundheit

Als transplantierter Mensch fühlt man sich wieder ganz gesund, aber fit und gesund zu bleiben erfordert, dass man sich selbst gegenüber, die Verpflichtung eingeht, besonders gut auf sich zu schauen. Die regelmäßige Medikamenteneinnahme und Kontrollen sind nur ein Punkt. Um als transplantierter Mensch gesund zu bleiben, muss man sich bewegen. Die Medikamente greifen die Knochen an und auch die Muskeln. Ich stelle gerade fest, dass meine Haltung sich verändert hat. Um gerade zu stehen, muss ich den Oberkörper etwas nach vorne neigen, und ohne in ein Hohlkreuz zu fallen, das Gesäß hinter die Fersen schieben. Fühlt sich total unnatürlich an, aber der Fotobeweis der Therapeutin zeigt deutlich: Das wäre die gerade Haltung. Wenn ich spazieren gehe, merke ich, dass meine

Gelenke schmerzen. Ebenfalls durch eine Fehlhaltung, durch zu wenig Bewegung, „springen" die falschen Muskeln an, weil die, welche die Aufgabe erledigen sollten, einfach zu schwach sind. Muskeln nicht zu bewegen führt dazu, dass sie weniger werden, sich zurückbilden. Deshalb sind angepasster Sport und achtsame Bewegungen so wichtig. Meiner Meinung nach sogar mehr und regelmäßiger als für gesunde Menschen, um gleichermaßen fit sein zu können. Die Aufgabe als transplantierter Mensch ist für mich: so gesund wie möglich zu bleiben. Auch wenn man gerne in den gewohnten Alltag zurück möchte. Bewegung sollte als erste Priorität in den Tagesablauf integriert sein.

Veränderungsprozesse begleiten

Die Lungen/Organe halten auch nicht ewig. Transplantierte Organe altern schneller als die eigenen. Meine erste Lunge (ich schicke gute Gedanken) hat mich acht Jahre lang begleitet. Ich wünsche mir eine lange Zeit mit meiner zweiten Lunge (nochmals gute Gedanken und ein Riesendankeschön), aber wissen tut man es nicht. Keiner weiß das. Es ist eher die Ausnahme, dass man zweimal oder dreimal geboren ist, oder sich zumindest so fühlt. Manche Lungen halten länger als andere. Ich kenne „Lungen", die bereits fast 20 Jahre alt sind, und welche, die unter einem Jahr gestorben sind. Als PatientInnen können wir unser Leben und unser Wohlergehen mit einer gesunden Lebensweise beeinflussen. Das letzte Wort haben wir dabei nicht, aber ich fühle mich besser, wenn ich weiß, dass ich getan habe, was mir möglich war. Was mir jedenfalls aufgefallen ist: Als transplantierter Mensch verändert man sich. Weil man etwas erlebt hat, das einschneidend ist. Nicht nur, dass man eine riesige Narbe quer über den gesamten Brustkorb hat, man Schmerzen erlebt hat und einiges mehr an Unannehmlichkeiten. Vielleicht musste man gepflegt oder gewaschen werden und hat im Krankenhaus Dinge gesehen oder erlebt, die man sich gar nicht vorstellen will.

Man ist verändert – irgendwie. Man lebt. Und „leben" bedeutet auch, wieder in der Gesellschaft anzukommen. Ich empfehle jedem, auch eine Psychotherapie zu machen. Zumindest ein paar Stunden. Es macht etwas mit einem, wenn man krank ist – und viele sind vor der TX ihr Leben lang krank, aber auch plötzlich krank zu werden/sein – das ist schon heftig. Und wenn man dann „plötzlich" wieder gesund ist – vielleicht das erste Mal in seinem Leben – das macht auch etwas mit einem. Man sieht das Leben auf einmal ganz anders. Man kann und will auf einmal (wieder) mehr tun. Die Prioritäten verschieben sich, denn wenn man weiß, was für ein Geschenk das Leben ist, will man es nicht vergeuden. Alle Beziehungen sind einer harten Prüfung unterworfen und leider scheitern manche auch daran. Es ist ein anderes Leben als das, das man zuvor geführt hat. Man ist (wieder) gesund. Jetzt gilt es eine Balance zu finden und auch einen Sinn.

Vor acht Jahren war es für mich total schwer, eine Antwort darauf zu finden, was ich gerade tue. Wer bin ich in der Gesellschaft, die sich durch Arbeitsbezeichnungen definiert. „Hallo, ich bin Rani." Die Frage: „Was tust du so", konnte ich lange nicht beantworten. Das hat mich sehr belastet. Erst vor ein paar Jahren habe ich endlich damit meinen Frieden gemacht. Zurück in den Beruf geht oft nicht oder nicht leicht. Schwierig werden KollegInnen, die krank in die Firma kommen, ebenso wie 40-Stunden-Stellen, die nicht auf 20 Stunden (oder Ähnliches) verringert werden können. 40 Stunden und die zusätzlichen Herausforderungen, all die Verpflichtungen für die Gesunderhaltung, das geht oft nicht zusammen.

Ich habe meine „freie Zeit" dazu genutzt, ein Studium zu beginnen, das mich schon immer interessiert hat, aber auch hier musste ich feststellen, dass ich sehr genau aufpassen muss, mich nicht zu überfordern. Nach zwei grippalen Infekten machte sich bei mir eine chronische Abstoßung bemerkbar, die schlussendlich zur zweiten Transplantation geführt hat.

Ich bin sicher: Stress ist tödlich. Für mich jedenfalls. Meine Herausforderung: die Balance zu finden zwischen einem Zuviel und einem Zuwenig. Es gab eine Zeit, in der ich es mir so sehr gewünscht habe, nicht krank zu sein, dass ich versucht habe, es zu verdrängen und einfach nicht mehr darauf geachtet habe. Aber das ist auch keine Lösung. Als transplantierte/r Patient/in hat man eine große Verantwortung für sich selbst. Ich musste mich zwingen hinzusehen, was mich so stört und ich musste erkennen und akzeptieren, dass ich keine Maschine bin, von der man (vor allem ich selbst) Leistungen zu erwarten hat, sondern, dass mir – und jetzt schon zum dritten Mal – das Leben zum Geschenk gemacht worden ist. Das Leben ist da, damit wir es genießen, und zwar bei der Arbeit *und* beim Ausruhen, bei der Aktivität und der Passivität – und das, so gut wir es können.

Mir hat Yoga dabei sehr geholfen. Die Philosophie des Yoga sagt: Mache das, was du tust, mit deiner ganzen Aufmerksamkeit. Egal ob du Toiletten reinigst oder Schmuck polierst. Mache es mit Hingabe und Demut. Ich habe lange gebraucht, um zu verinnerlichen, wie der achtfache Pfad des *Patañjali* gelebt werden kann. Und jeden Tag erfahre ich ein wenig mehr. Und je mehr ich erfahre und loslasse von dem, was ich glaube tun zu müssen, und hinfinde zu dem, was ich tun kann, umso glücklicher bin ich.

Eine Transplantation kann auch zu einer Transformation werden. Sie verändert uns. Wir bleiben dieselben und doch nicht die Gleichen.

Hallo, wie geht's? Bist du auch einmal traurig?

Diesen Artikel habe ich am 14. Jänner 2019 publiziert

Manchmal, wenn ich so mit Menschen spreche oder ihnen auf Fragen antworte, bin ich überrascht, wie meine Gedanken sich in Worte verwandeln. Die Dinge für sich zu denken und sie anderen zu erklären, sind zwei sehr unterschiedliche Dinge. Das geschieht besonders oft, wenn ich mir die Antworten auf Fragen ansehe, die ich geantwortet habe. Oft tut es mir selbst gut, etwas wieder zu lesen, einfach, weil das geschriebene Wort Gedanken festhält. Weil man sich eben besser daran erinnert, was man gedacht hat, wenn man es aufgeschrieben hat. Wenn ich dann lese, was ich mir da so vom Herzen geschrieben habe, berührt es mich in einer ganz besonderen Weise. Das ist sehr schön. Es fragen ja nicht viele nach, aber letztens hat eine Bekannte mich gefragt, wie es mir geht, und ich möchte diese Konversation (mit ihrem Einverständnis) hier gerne mit dir teilen.

„Hallo Rani, manchmal sehe ich deine Posts, und die machen was mit mir. Ich sehe dich so fröhlich und kämpfend und positiv denkend. Das erinnert mich an mich selbst, als alles wirklich beschissen war. Ich konnte nicht wirklich meinen Schmerz und meine Verzweiflung fühlen, und kam mir sehr gefangen und ausgeliefert vor. Anstatt das zu fühlen, musste ich (mir) etwas vorspielen und am guten Ausgang festhalten. Sonst wäre ich ja ‚negativ' gewesen.

Ich frage mich, ob du nur wartest, oder z. B. die Zeit auch als Geschenk sehen kannst, als eventuelle Chance, die Transplantation noch überflüssig zu machen. Auf der Liste stehst du ja schon und würdest den Platz ja sicher nicht verlieren. Oder hast du dazu gar keine Kraft, irgendwas oder irgendwas Neues auszuprobieren? Ich habe ja gar keine Ahnung, wie es dir geht und was du genau hast. Ich wollt das mal sagen. Brauch auch gar keine Antwort oder so, und hoffe, ich trete dir nicht zu nahe. Wünsche dir weiterhin viel Kraft und Heilung."

Meine Antwort

Hallo! Danke für deine Gedanken! Also ich finde nicht alles super, was mit mir passiert. Weil es anstrengend ist. ABER ich bin sehr dankbar für alles, was mir passiert. Ich lebe seit 2005 mit einer Krankheit und hab inzwischen Übung. Ich bin wirklich dankbar für alles, was mir passiert, für alles, was ich lernen kann, für alles, was mir geschenkt ist und ich erleben darf. Eigentlich warte ich nicht. Ich verbringe meine Zeit – und zwar mit vielen positiven, schönen und auch herausfordernden Dingen. Die Transplantation nicht zu machen wäre allerdings ein Fehler, denn ich spüre sehr deutlich, dass meine zweite Lunge einfach nicht dafür gemacht wurde, mir länger zur Verfügung zu stehen. Sie war dazu da, mich zu retten, und es war wirklich ein Wunder, dass sie zur richtigen Zeit gekommen ist. Das wird mir immer deutlicher bewusst, je mehr ich über Transplantationen lerne und lese. Ich habe bereits nach der ersten Transplantation darüber nachgedacht, ob ich „verloren" habe, nicht stark genug war, es ohne Transplantation zu schaffen, aber allein das Wunder, dass, als meine eigenen Lungen nicht mehr geatmet haben, binnen zwei Tagen ein passendes Organ zur Verfügung stand und mir damit das Leben gerettet hat, ist ein sehr deutliches Zeichen, das dagegenspricht. Ich muss nichts Neues ausprobieren, denn ich gehe meinen Weg, und ich bin so voll Vertrauen und Mut. Ich werde begleitet und geschützt. Mehr, als ich mir jemals vorstellen kann. Ich weiß, dass der Weg, den ich gehe, genau richtig für mich ist, und das spüre ich tief im Innersten. Ich kämpfe übrigens nicht. Ich nehme es an. Ich nehme es an und sehe mir an, was für mich passt, lasse Dinge los, die nicht mehr passen, ich bin nicht immer fröhlich, aber auch selten traurig. Ich bin einfach. Es gibt jeden Tag so vieles, wofür ich dankbar bin. Das macht mich glücklich und zufrieden. Egal wie anstrengend es gerade ist. Ich habe früher gekämpft – aber wogegen? Hauptsächlich gegen die Angst vor dem, was ich nicht kannte. Und jetzt? Jetzt gehe ich einen Schritt nach dem anderen, auch wenn ich nicht sehe, wohin. Ich vertraue darauf, dass alles genauso ist, wie es ein soll. Frieden in deinem Herzen und in deinen Gedanken.

Rani

Mundschutz nach LuTX – Schutz, Abgrenzung oder Ausgrenzung?

Diesen Artikel habe ich am 15. März 2019 publiziert

Immer wieder denke ich in der letzten Zeit darüber nach: Ist der Mundschutz jetzt eine Qual oder eine Hilfe? Ich glaube, er ist beides. Ich bin jetzt seit Juni 2010 lungentransplantiert und seitdem kenne ich das Gefühl beim Tragen eines Mundschutzes. Nachdem meine alte neue Lunge leider chronisch abgestoßen wurde, bin ich seit Juli 2018 jetzt zum zweiten Mal lungentransplantiert worden. Besonders die transplantierten Lungen sind sehr anfällig für alle Bakterien und Viren, weil die Lunge das einzige Organ des Körpers ist, das nach außen offen ist. Das Tragen eines Mundschutzes ist also vor allem in öffentlichen Gebäuden und dem öffentlichen Verkehr unabdingbar – vor allem im heiklen ersten Jahr. So weit, so gut.

Bunte Farben für mehr Wohlbefinden?

Man kann sich einen Mundschutz in jeder Apotheke kaufen. In OP-blau oder OP-grün. Damit fühl ich mich ja dann so richtig krank. Also habe ich bunte Varianten des Mundschutzes gesucht und gekauft. Und ich bin nicht allein. Ich kenne und sehe viele Transplantierte, die sich mit bedruckten, bunten, jedenfalls diversen Varianten des Mundschutzes „schmücken". Ich dachte jedenfalls, dass es an der Optik liegt, dass ich die Dinger so ungern trage. Leider nein. Es hat mehrere Gründe! Als es mir schlechter gegangen ist, war der Mundschutz Schutz und Qual. Man bekommt durch die „Dinger" einfach schlechter Luft. Auch jetzt. Die Luft ist trocken und es wird recht warm darunter. Aber je länger ich wieder mit den durchaus schicken Schutzmasken durch mein Leben gehe, umso mehr bemerke ich, dass ich es meide, sie aufzusetzen. Nachdem ich aber auch nicht krank werden will, meide ich solche Situation einfach, soweit es mir möglich ist. Das äußert sich zum Beispiel darin, dass ich immer weniger gern in Geschäfte gehe. Was das Einkaufen schwieriger macht und mich nachdenklich.

Schutz – Abgrenzung – Ausgrenzung – fließende Grenzen

Natürlich ist es wichtig, sich zu schützen und ich möchte auch keine Grippe oder Ähnliches riskieren, aber wie bekomme ich die Abneigung gegen das Einkaufen wieder weg?!?!

Ich beobachte mein Verhalten und Änderungen inzwischen recht genau. Deshalb fallen mir solche Dinge recht rasch auf. Doch bin ich da die Einzige? Wie geht es anderen Menschen mit Besonderheiten? Der Schutz ist jedenfalls auffällig. Ich unterscheide mich mit der Maske sofort von den anderen Menschen. Und nicht nur eine/r meint, ich wäre ansteckend!

Mir gefällt es, wenn Kinder nachfragen, meistens bei ihren Müttern, und wenn ich dann bemerke, dass die Mütter selbst keine (korrekte) Antwort finden, erzähle ich einfach, dass ich aufpassen muss, damit ich nicht krank werde. Das reicht dann oft auch schon.

Manchmal habe ich richtig das Bedürfnis Zettel auszudrucken, auf denen eine Info über Transplantationen steht, um den Menschen diesen Ausdruck von Neugier und Irritation, manchmal auch Angst, aus dem Gesicht zu zaubern. Doch ob die das überhaupt lesen würden? Und will ich das?

Will ich jedem, der mir begegnet, offenbaren, was das Geheimnis meines Lebens ist?

Das Verschieden- oder Besonderssein hat auch eine ab- und ausgrenzende Wirkung. Besonders, wenn man das *Merkmal* nach außen trägt oder tragen muss. So gerne ich nämlich darüber berichte, was eine LuTX ist, wie man damit lebt und Yoga macht, so gerne bin ich auch anonym, still und eher mit mir selbst beschäftigt als damit, wie andere auf mich reagieren. Falls sie reagieren, denn viele ignorieren es einfach auch. Eine Situation, die ich als sehr unangenehm empfunden habe, war, als es mir bereits sehr schlecht ging mit der Luft. Trotzdem bin ich noch mit der U-Bahn ins AKH gefahren. Sitzplatz? Fehlanzeige. Im Moment habe ich gerade keine Lösung als einfach weiterzumachen. Weiter Beobachten und Informieren und auf den Frühling und Sommer warten, wo ich mich freier bewegen kann und es weniger Krankheiten gibt. Bis dahin werde ich mich wohl immer wieder überwinden, trotzdem oder gerade deswegen, einkaufen zu gehen, um kein ungesundes Verhaltensmuster zu entwickeln. Weiterhin so tun, als wäre das Tragen eines Mundschutzes das normalste von der Welt (Anmerkung 02/21: interessant, wie sich die Welt inzwischen geändert hat). Akzeptieren, dass es manchen Menschen auffallen wird, und manche Menschen mich mit und ohne Mundschutz ohnehin nicht wahrnehmen. Manchen werde ich darüber erzählen und andere werden sich ihre eigene Geschichte zu dem Ding in meinem Gesicht ausdenken. Das hat mich gerade beschäftigt. Kennst du das auch? Was ist deine Besonderheit, die dich vielleicht manchmal von anderen Menschen trennt? Ich bin sicher, jeder kennt das Gefühl, sich in einer Situation deplatziert zu fühlen.

Wachstumsschmerzen – Ent-Wicklung

Publiziert am 8. April 2019

In den letzten Tagen und Wochen hat mich das Leben wieder großzügig mit neuen Erkenntnissen beschenkt. Das ist immer eine recht anstrengende Zeit, denn so wie eine Schlange sich häuten muss, um wachsen zu können, ruckelt es auch in meinem

Leben immer wieder, wenn sich eine starke Erkenntnis einstellen möchte. Es ist anstrengend, weil ich oft das Gefühl habe, dass alles eng wird, dass ich durch etwas hindurchmuss, was ich nicht sehe, sondern nur spüre. Ich fühle mich unwohl in meiner Haut, in meinem Geist, alles scheint nicht mehr zu passen. Manchmal fühlt es sich an wie Trauer oder Depression, und dann, wenn ich das Gefühl habe, das ich es gleich nicht mehr aushalte, dann schreibe ich – dann muss es raus. Und während des Schreibens verändert sich alles. Ich bekomme Klarheit, Stärke, Mut und befreie mich. Ich tauche durch etwas hindurch, und erfahre beim Schreiben eine Transformation. So lerne ich unendlich viel in diesem Leben und teile es gerne. Vielleicht kannst du es nachvollziehen, vielleicht enthält es eine Antwort für dich, vielleicht wird auch nur etwas ganz Kleines in dir angestoßen und darf beginnen zu wachsen. Ich erlaube mir mehr, lebe durch die Zyklen meines Daseins, die wie die Jahreszeiten aufeinanderfolgen und lasse mich ein.

Erlaubnis zum Sein und Los-lassen

Manchmal ist man einfach müde, und ich habe lange gebraucht, mir zu erlauben, auch einmal müde oder schwach zu sein und einfach mal auszuruhen. Am 19. März 2019 habe ich erstmals diese Worte gefunden.

Ich erlaube mir, müde und erschöpft zu sein. Ich erlaube mir, eine Pause zu machen. Ich erlaube mir, auch mal nicht weiterzumachen und meinen Kurs zu korrigieren, wenn ich merke, dass mich das nicht weiterbringt.

Ich erlaube mir und meinem Körper zu heilen. Ich erlaube mir und meinem Körper, sich Zeit zu nehmen, um mit den Umwelteinflüssen fertigzuwerden.

Ich erinnere mich daran, dass es wichtig ist, zu vertrauen. Ich erlaube mir, ein Mensch zu sein, der seinen Weg erst finden muss. Finden, nicht suchen, mehr eintauchen und zulassen. Ich erinnere mich daran, dass ich eine Seele bin, die eine menschliche Erfahrung macht. Das bedeutet Leben, leiden, sich freuen, ausprobieren und einen Schritt nach dem anderen machen. Sich selbst und seinen Weg nicht vergleichen.

Ich erinnere mich, dass das Leben wunderbar für mich sorgt. Ich erinnere mich, dass ich vertrauen kann und dass es immer weitergeht. Ich muss nicht daran ziehen, es schieben oder tragen. Alles entfaltet sich im richtigen Moment Ich erlaube mir daran zu glauben, zu vertrauen in jedem Moment, in den dunklen wie den hellen. In der ursprünglichsten Version schrieb ich noch: Ich erlaube mir und meinem Körper nach der Transplantation zu heilen, um mit den Umwelteinflüssen, den ganzen Medikamenten fertigzuwerden.

Das Ende der Leistungsfähigkeit oder die Frage nach den hundert Prozent

Geschrieben am 3. Dezember 2018

Ich versuche, mein Leben sehr achtsam zu leben. Darauf zu achten, welche Zeichen und Weichen an meinem Weg stehen, welche Steine ich für Brücken verwenden kann und welche ich getrost liegen lassen und um sie herumgehen kann. Vor einiger Zeit habe ich über Selbstoptimierung geschrieben. Darüber, dass diese für mich eher ein Weg zu mir selbst ist. Mich verbessern zu wollen, bedeutet für mich, mich wie eine Zwiebel zu schälen und Schicht für Schicht abzutragen, um schließlich zu meinem Kern zu kommen. Eigentlich gefällt mir das Bild der Zwiebel nicht so gut, denn ich bin überzeugt, dass unser

Innerstes etwas strahlend Schönes ist. Aber das Bild der Zwiebel passt trotzdem irgendwie.

Auf diesem Weg gehe ich eben und in den letzten Tagen wurde ich total erschüttert von einer Erkenntnis, die mir mal wieder geschenkt wurde – es ging um meine Leistungsfähigkeit.

Der Spiroergometer-Test

Da ich erst am 10. Juli 2018 zum zweiten Mal lungentransplantiert wurde, habe ich Anfang November 2018 einen Leistungstest gemacht. Bei einer Spiroergometrie wird, vereinfacht gesagt, anhand der Herz- und Sauerstoffwerte eine optimale Trainingsfrequenz gemessen. Kurz, es wird festgestellt, wie fit man ist. Bei dieser Untersuchung sitzt man auf einem Rad, es ist ein EKG angeschlossen und man hat eine Maske auf, welche Werte aus der Atemluft entnimmt. Es geht darum, bei steigender Belastung (die Wattanzahl wird erhöht) so lange zu radeln, bis man nicht mehr kann, somit seine Grenze erreicht hat. Ich habe also diesen Test gemacht und als die Ärztin meinte, wir brechen jetzt ab, war ich fast beleidigt. Ich dachte, ich hätte jetzt noch viel mehr geben können und war recht unzufrieden. Trotzdem 84 Prozent Leistungsfähigkeit gemessen wurden, dachte ich mir, ich hätte „beweisen" können, dass ich mehr kann. Als wäre die Untersuchung ein Wettbewerb.

Jedenfalls fühlte ich mich gar nicht so, als wäre ich bis zu meiner Leistungsgrenze gefahren. Als ich ein paar Tage später die Werte mit meiner Physiotherapeutin besprechen konnte, erzählte ich ihr meine Bedenken hinsichtlich der Werte. Nachdem sie sich alles angesehen hatte, erklärte sie mir die verschiedenen Messungen genauer. Die Ärztin hatte den Test abgebrochen, weil meine Sauerstoffwerte nicht mehr in Ordnung waren. Ich hatte zu viel Kohlenstoffdioxid und zu wenig Sauerstoff im Blut. Zu wenig Sauerstoff für Herz und Lunge.

Ich war sprachlos.

Meinem Gefühl nach hätte ich sicherlich noch wesentlich länger „ausgehalten" und mehr „bringen" können. Es machte mich total betroffen. Die Tatsache, wie wenig Gefühl ich für meine eigenen Grenzen hatte. Das war schon länger mein Problem, aber ich dachte, ich hätte es früher mehr als heute. Die Tendenz war aber noch immer da. Ich bin immer wieder über meine Grenzen gegangen. Habe gearbeitet, getan, bin gegangen oder gewandert, gelaufen. Egal, was – you name it –, ich habe es übertrieben. Ohne das Gefühl der Erschöpfung hatte ich für mich nicht alles gegeben. Dabei war ich – im Vergleich zu der Spiroergometrie – *immer* weit über meine hundert Prozent gegangen, ohne es zu spüren. Kein Wunder, dass ich vor meinem 30. Geburtstag ein Burn-out erlebt habe und auch kein Wunder, dass ich bis heute, also bis vor einigen Tagen, immer noch der Meinung war, ich könnte noch mehr. Ständig am Limit. Einfach, weil ich es niemals als Möglichkeit in Betracht gezogen habe, ich könnte in meiner Auffassung über meine Grenzen einen „falschen Richtwert" gespeichert haben.

Dieses Erlebnis hat mich jedenfalls sehr zum Nachdenken gebracht. Wenn es sich so anfühlt, ich hätte hundert Prozent gegeben, bin ich weit, weit darüber hinaus gegangen und deshalb erschöpft. Ich habe begriffen, dass ich gar nie *alles* geben muss. Erschöpfung ist kein Zeichen dafür, das ich fleißig war, es ist ein Zeichen dafür, dass ich es übertrieben und nicht rechtzeig für eine Pause gesorgt habe. Ich habe zwar so eine Idee, dass ich nicht die Einzige bin, die sich über Leistung definiert und gerne mal über ihre/seine Grenzen geht. Aber in *meinem* Leben, kann nur *ich* etwas ändern. Die „Krux" dabei ist, dass das Umlernen echt Mut und Hingabe erfordert. Ich muss erkennen, dass etwas falschläuft. Mehr Aufmerksamkeit in dem Moment geben. Witzig dabei ist: Heute habe ich einen Vortrag über Meditation angehört. Folgender Schlüsselsatz ist bei mir hängen geblieben: „Beim Meditieren muss man nichts erreichen wollen, wenn es funktionieren soll."

Ihr seht mich nicht, aber ich schmunzle gerade, denn ich *weiß* das alles. In der Theorie. Aber ich vergesse solche Dinge auf dem

Weg. Ich freue mich dann immer, wenn von irgendwoher dann etwas kommt wie dieser Vortrag, ein Seminar, ein Gespräch oder ein Buch. Im richtigen Moment gelesen, kommt dann der „Aha-Moment" und ich denke mir dann: „Das wusste ich doch schon mal." Selbstreflexion ist nicht ganz einfach. Meiner Meinung nach ist es harte Arbeit, sich selbst zu ändern. Dieses Erlebnis hat mir wieder jedenfalls wieder einmal gezeigt, dass ich viel, viel, viel weicher und freundlicher zu mir sein darf. Ich habe gelernt, dass es nicht nötig ist, immer über sich selbst hinauszuwachsen. In manchen Situationen kann man schon mal all seine Kräfte mobilisieren, um etwas fertigzubekommen, aber das sollte nicht die Regel sein. Ich habe auch wieder über Selbstoptimierung nachgedacht. Das Thema ist ja sehr nah an der Selbstreflexion, auch wenn es etwas ganz anderes meint. Ich habe auch darüber reflektiert, dass es mir wichtig ist, mich weiterzuentwickeln und ich, auch wenn es anstrengend ist, mein Leben mag. Ich mag es, dass so viel passiert und ich so viele Hinweise und Informationen bekomme, die mir zeigen, wohin ich meine Aufmerksamkeit lenken soll und kann. Wenn ich dazu bereit bin. Es ist ja auch die Art und Weise, *wie* man etwas macht. Mit Liebe und Freude und Ruhe.

Mein neuer Selbstoptimierungsansatz ist daher: Tue weniger und strenge dich weniger an.

Ich habe das Ganze dann auch gleich mal umgesetzt. Bei meinem Radtraining und bei meiner Morgenroutine. Bei meinem Radtraining habe ich ganz genau auf die Einhaltung des optimalen Pulses geachtet. Wo vorher Unverständnis war, warum ich den Puls reduzieren sollte, ohne eine gewisse Herausforderung zu haben, war es auf einmal ganz einfach! Ich bin einfach langsamer gefahren, war aufmerksamer und so es hat wunderbar funktioniert. Ich war genauso aktiv, danach aber viel weniger müde. Das war eine vollkommen neue Erfahrung. Bei meiner Morgenroutine habe ich einfach etwas ausgelassen bzw. auf den Abend verschoben. Zeit für Yoga und eine kurze Meditation findet sich, wenn man sie einplant. Ich kann mich vor allem jeden Tag neu entscheiden, was ich tun will. Ich freue mich gerade wie ein Kind vor dem Christbaum darüber, dass ich so eine großartige Erfahrung machen durfte, und jetzt besser weiß, dass ich es mir auch leichter machen darf. Meine Ziele erreiche ich auch, wenn ich nicht ständig auf der Überholspur bin. Unglaubliche vier Monate und zwanzig Tage nach meiner Transplantation bin ich auf einem großartigen Weg, mein Leben so zu verändern, dass ich mir erlauben kann, entspannter zu sein, weil ich endlich begriffen habe, dass ich meine Limits herunterschrauben darf und muss, aber vor allem will.

Es fühlt sich sehr, sehr leicht und gut an. Vor allem aber freue ich mich, dass ich das hier mitteilen kann. Vielleicht hast du dieses Gefühl auch schon einmal gehabt, in einem Teil deines Lebens mehr geben zu müssen und dich aber erschöpft und ausgebrannt fühlst. Wenn ja, dann justiere doch mal nach. Es muss ja nicht sofort vollständig sein, aber Schritt für Schritt. Wir sind die einzigen Menschen, die wirklich etwas in unserem Leben ändern können. Ich lasse jedenfalls mal los und mache mal langsamer.

Gedanken in Echtzeit

Geschrieben am 16. Juni 2018

Als ich mich letztens schlafen legte, wurde mir so richtig bewusst, dass ich am nächsten Tag seit genau 160 Tagen auf der Warteliste für eine neue Lunge stehen werde. Wann und aus welchem Grund ich begonnen habe, die Tage zu zählen, weiß ich gar nicht mehr. Ich fand es amüsant. Inzwischen fühlt es sich aber seltsam an. Doch jetzt damit aufzuhören, fällt mir auch schwer. 160 Tage. Ich weiß nicht, ob sich das lange oder kurz anhört – fünf Monate – *das* hört sich lang an. Fünf Monate und acht Tage.

Das Warten an und für sich macht mir nicht so viel aus, denn ich fülle meine Tage mit allen möglichen schönen Dingen, für die man sich sonst keine Zeit nimmt. Vor allem versuche ich, diese Zeit jetzt so bewusst wie möglich zu erleben und alle Phasen, die ich so durchlebe, besonders gut anzusehen und das Leben, das in diesen Tagen ist, zu erleben und zu lernen, was ich lernen kann und zu lernen habe. Ich glaube fest daran, dass alle Herausforderungen Lehrzeiten sind, aus denen wir stärker und mutiger wiedergeboren werden.

Es gibt Phasen, die man durchläuft, wenn man wartet. Ich kann jetzt natürlich nicht für alle sprechen, aber ich weiß, ich habe am Anfang, also im September, als es eigentlich noch nicht so schlimm war und ich mich auch noch draußen und ohne Sauerstoff bewegen konnte, sicherlich eine depressive Phase gehabt. Ich konnte mich zu gar nichts aufraffen. In solchen Phasen, ich kenne das auch von Zeiten, in denen ich krank bin, mutiere ich zum Couch-Potatoe. Ich kann mich dann einfach nicht vom Fernseher lösen. Ich schalte ihn ein und nicht wieder aus. Ich *schaffe* es nicht, etwas anderes zu tun. Wenn ich aus dieser Phase herauskomme, merke ich, dass mich die Sendungen mehr und mehr langweilen, bis ich schließlich den Fernseher am liebsten gar nicht mehr aufdrehen will. Dann bin ich wieder „gesund".

Kurz darauf hatte ich eine aktive, vielleicht sogar manische Phase. Ich habe tausend Ideen für Projekte im Kopf und mit ebendiesen will ich dann durch alle Wände. Ich hatte das Gefühl, keine Zeit mehr zu haben und alles noch „vorher" fertig haben zu wollen. Vorher? Ja, vor der Transplantation. Projekte ohne fixen Endzeitpunkt oder fixe Deadline sind aber sehr schwer zu planen und somit oft zum Scheitern verurteilt. Diese werden meistens nämlich nicht fertig. Niemals! Durch solche Projektpläne sind dann natürlich andere Dinge liegen geblieben, die mir auch wichtig waren und sind, die aber mehr von mir gefordert hätten. Und das konnte ich nicht. Natürlich sind auch solche Dinge dabei, die man gerne vor sich herschiebt. Aber auch diese werden erledigt. Es kam dann eine neue Phase – die Wegräumphase. Die Phase kam rund um

Weihnachten. Ich habe einfach ausgemistet, was ging – herrlich! Da wurde auch gleich die Steuer fertig gemacht – wenn man schon mal dabei ist. Ich muss sagen, dass mir diese Phase supergutgetan hat. Es war zwar auch sehr anstrengend, aber Ausmisten fühlt sich einfach immer herrlich gut an und ausmisten kann man auch den Computer. Inzwischen sehe ich zwar immer wieder, dass ich sehr radikal ausgemistet habe, aber den PC auszumisten war super und weniger anstrengend als das Bücherregal. Seitdem es mir besser geht, mache ich regelmäßig in kleinen Laden und Fächern sauber. Einmal alles ausmisten. In kleinen Dosen geht viel weiter und irgendwann ist man, ohne sich überfordert zu haben, auch fertig.

Parallel zu all diesen Phasen miste ich auch immer mal wieder gerne meine Gedanken aus. Ich muss sagen, dass ich das echt regelmäßig und auch gerne mache, denn da schleichen sich manchmal Gedanken ein, von denen man gedacht hätte, sie wären schon gar nicht mehr da. Oder manche Gedanken, die man sich gar nicht zugetraut hätte. Dunkel und traurig. Ich bin ja grundsätzlich jemand, der gerne in die dunkelsten Ecken schaut und ich beschäftige mich gerne mit meinen Ängsten und auch mit den Geschichten, die unangenehm sind. Da geht, finde ich, am meisten weiter und es lohnt sich. Auch wenn es anstrengend ist. Obwohl – es kann schon auch sein, dass ich da etwas finde, das etwas ganz anderes verdeckt. Ich finde, das lohnt sich ganz besonders.

Der erste Anruf. Bin ich schon bereit?

Geschrieben am 16. Juni 2018

Ich wurde zweimal angerufen, und als Ende Mai der erste Anruf kam, dass es ein Organ für mich gibt, hat das eine ganze Menge von Gefühlen und Gedanken ausgelöst. Zunächst mal war ich superaufgeregt und richtig happy! Trotzdem. Es ist kaum zu glauben, aber trotz der langen Wartezeit kommt dann der Anruf doch recht plötzlich. Ich hatte das Gefühl, vollkommen unvorbereitet und gar nicht fertig zu sein. Ich wollte unbedingt noch meine Bachelorarbeiten fertig bekommen und überhaupt fand ich, es ging alles doch recht schnell.

Ich wurde um 6:30 Uhr von der Rettung geholt und ins Krankenhaus gebracht. Dort wurde mir Blut abgenommen. Wenn der/die Patient/in im Krankenhaus ist, fährt der Chirurg zum/r Spender/in und das Organ wird angeschaut. Erst dann kann entschieden werden, ob es für mich und für eine Transplantation geeignet ist. Um 15 Uhr endlich kam eine Ärztin mit der schlechten Nachricht. Irgendwie hatte ich schon damit gerechnet. Es war ein Gefühl, weil es so lange gedauert hatte. Ich wurde wieder nach Hause geschickt – und war im ersten Moment erleichtert. Ich bin mir ganz komisch vorgekommen. Hätte ich nicht traurig sein sollen? Ich hatte es mir doch die ganze Zeit gewünscht, dass die Lunge endlich kommt! Und dann bin ich im Krankenhaus und bin nicht total fertig? Ich habe ernsthaft an mir gezweifelt und dachte nur: Dann war es nicht das Richtige. Ich kann es, wenn ich es hier schreibe, selbst noch immer nicht ganz verstehen. Aber es ist noch immer OK. für mich. Ich warte. Die richtige Lunge wird kommen. Ich weiß es. Dann passt es. Und dann habe ich hoffentlich nicht so viel Zeit zum Nachdenken!

Sind wir Menschen nicht seltsame Wesen? Ich habe in den letzten Wochen erkannt, dass ich mich in meiner anstrengenden, aber bekannten Situation „wohlfühle" und ich hatte einfach eine sehr große Angst vor der Operation, und vor allem, was ich noch nicht kenne. Vor acht Jahren, als die Operation für meine neue Lunge am Vorabend meines 32. Geburtstags um 23 Uhr begonnen hat, war ich ja schon im Tiefschlaf. Meine Lungen hatten am 8. Juni aufgehört zu atmen. Die Transplantation war am 10. Juni – aufgeweckt wurde ich irgendwann ca. zwei Wochen später. Wie wird es sein, nach der OP aufzuwachen? Werde ich Schmerzen haben? Wie wird es sich anfühlen? Wird alles gut gehen? Das Hirn stellt eine Menge Fragen, die ich mir nicht beantworten, aber herrlich darüber nachdenken kann. Lieber das Altbekannte, auch wenn es ungemütlich ist, behalten, als das Neue mit offenen Armen willkommen zu heißen, das man nicht kennt.

Meine Gedanken überraschen mich immer wieder! Gut, dass ich sie bemerke, bevor sie richtigen Schaden anrichten können. Seit dem Anruf fühlt sich das Warten anders an. Jetzt, wo ich weiß, dass ich sehr weit oben auf der Liste bin, bin ich irgendwie ungeduldiger, aufgeregter. Jeden Abend denke ich mir, es könnte so weit sein. Seitdem ich weiß, dass ich Angst habe vor dem, was ich nicht kenne, bin ich aber auch nachsichtiger mit mir. Ich habe aber auch alles fertig gemacht, was mir wichtig ist. Und bin wieder ruhiger. Ich beginne die Tage mit Meditation und lade mich mit positiven Gedanken auf. Ich versuche jeden Tag bereit zu sein, und alles, was sich nicht ausgeht, kann auch „danach" erledigt werden. Ich löse mich von allem, damit ich in ein neues Leben gehen kann, ohne dass ich das Gefühl habe, ich wäre nicht „fertig". Der Yoga und das Leben lehren mich immer wieder demütig und dankbar zu sein für jeden neuen Tag. Wir wissen alle nicht, was als Nächstes geschieht, wir können immer nur an diesem heutigen Tag das Allerbeste geben, das wir haben – und die beste Version unserer selbst sein.

Steinige Wege

Geschrieben am 27. April 2018

Ganesha, der elefantenköpfige Gott aus dem Hinduismus. Überwinder der Hindernisse. Es heißt, er hilft Steine aus dem Weg zu räumen. Wenn ich aber an einen Elefanten denke, dann stelle ich mir vor, wie er sich seinen Weg bahnt trotz aller Hindernisse und einfach seinen Weg geht. Ist es dann nicht eher so, dass uns diese Kraft den Mut gibt, trotz aller Schwierigkeiten weiterzugehen und nicht weiter auf diese zu achten und unser Ziel so nicht aus den Augen zu verlieren?

Ich glaube, es geht nicht immer darum, sich die Schwierigkeiten aus dem Weg zu räumen, sondern darum, sie gar nicht zu einem Problem zu machen. Manche Dinge also einfach liegen zu lassen (manchmal auch nur für den Moment). Nicht alles, was mir begegnet, hat etwas mit mir zu tun, nicht jede Aufgabe will mitgenommen werden. Ich kann mich auch dafür entscheiden, manche Dinge nicht anzusehen oder daran vorbeizugehen. Ich kann meinen Weg auch gehen, wenn dieser steinig ist. Ist es denn wirklich wichtig für mich, wie er beschaffen ist? Wenn ich meinen Weg gehe und unbeeindruckt davon bleibe, wie er aussieht oder sich anfühlt, dann ist doch das Einzige, was zählt, dass ich einen Schritt nach dem anderen mache. Und wenn ich mich nicht abhalten lasse davon, dass ich mich über den Zustand des Weges beschwere, kann meine Reise dann nicht leichter sein, auch wenn auf dem Weg einige Aufgaben auf mich warten? So gesehen begleitet Ganesha mich vielleicht nur, um zu sehen, wie viel Freude ich daran habe, über Stock und Stein zu laufen. Unbeeindruckt so wie er.

Der Tod und das Leben

Geschrieben am 4. März 2018

Endlich ist es so weit. Die Muse hat mich gepackt und ich bin voller Ideen, um endlich über ein Thema zu schreiben, das mir schon so lange auf dem Herzen liegt: den Tod und das Sterben.

Und zwar aus dem Gefühl heraus, dass das Leben wundervoll ist und dass jeder Moment es wert ist, in seiner Ganzheit gelebt zu werden. Motiviert hat mich dafür schließlich die Post einer lieben Bekannten, die ihren Kampf gegen den Krebs gewonnen hat – oder soll ich sagen, ihren Tanz mit dem Krebs beendet hat und sich jetzt intensiv mit der Spiritualität beschäftigt. Sie schrieb: „*Der Tod gehört zum Leben und doch macht er uns Angst. Wenn wir beginnen darüber zu sprechen, wird er um vieles leichter.*" Ich habe ihr Folgendes geantwortet: „*Ich hatte keine Angst vor dem Tod, bis er ‚angeklopft‘ hat. Es ist schwierig, denn ich weiß durch all meine Erfahrungen, dass der Tod nicht schlimm ist. Ich glaube, es ist eher die Angst, das Leben loszulassen als die Angst vor dem Tod selbst. Vielleicht auch die Angst vor dem, was wir nicht kennen, weil wir alle in der Illusion leben, zu wissen, was in der nächsten Minute passieren wird. Todesangst ist allerdings ein schreckliches Gefühl. Sterben ist leichter.*" Diese Gedanken schwirren mir nun im Kopf herum und es wird Zeit, ihnen Raum zu geben.

Das Leben im Tod erkennen

In unserer Gesellschaft ist der Tod ja nicht gerne gesehen. Er wird ausgeblendet, nicht gezeigt, es wird nicht darüber gesprochen. Ich hatte zwar schon erlebt, dass Menschen aus meinem Leben gegangen sind, mein Opa und eine besondere Frau, die mir in meiner Jugend viel geholfen hat, einer meiner ersten „Engel", wenn man so möchte. Der Tod war mir dennoch unbekannt. In dunklen Momenten habe ich viel über ihn nachgedacht, aber da hatte er sich wie meine eigene Entscheidung angefühlt. Aber das ist wieder ein anderes Erleben. Im Leben als Kind, Teenager oder junger Erwachsener ist der Tod uns meistens sehr fern.

Er ist kein Teil von uns oder unserem Leben. Dabei wäre es so wichtig, sich mit der Endlichkeit zu beschäftigen, um das Leben noch mehr als Geschenk und als das Wunder erkennen zu können, das es ist.

2005 bekam ich die Diagnose Lungenhochdruck. 4. Stadium. Ich habe natürlich sofort gegoogelt. Ein Fehler, den viele PatientInnen begehen. Da stand: Lebenserwartung ab Diagnose ca. 1–1,5 Jahre. Das war schon sehr heftig und löste in mir eine unglaubliche Angst aus. Meine erste Reaktion war der Gedanke an Kampf. Ich wollte mich dem stellen und kämpfen. Bis zum Schluss. Heute erkenne ich, ich hatte damals nichts verstanden – weder das Leben noch den Tod.

Die Angst vor dem Tod ist Angst um das Leben

Trotz allem hat mich das aber auf den Weg gebracht. Fünf Jahre später war ich fast nur noch im Krankenhaus. Die Frage, ob ich eine Transplantation „will", stellte sich mir trotzdem nicht. Ich war nach wie vor fest davon überzeugt, einen *anderen* Weg finden zu können und aus eigener Kraft eine Heilung zu erreichen oder mir ein Wunder zu wünschen. In der Zwischenzeit hatte der Druck zwischen meinem Herzen und meiner Lunge allerdings so stark zugenommen, dass mein Herz bereits vollständig deformiert war. Die rechte Herzhälfte war auf das Doppelte angewachsen und drückte die linke Herzhälfte zusammen. Der Effekt war, dass mein Herz immer wieder kurz aussetzte. In einem solchen Fall drückt das Gehirn dann kurzfristig die „Reset-Taste". Medizinisch nennt sich das Synkope.[10] Es passierte meistens nach einer Anstrengung. Mit der Zeit habe ich mich sogar daran gewöhnt. Wenn ich gespürt habe, dass es mir komisch wird, habe mich hingelegt, um nicht hinzufallen und bin dann nach

---

10 In der Medizin ist eine Synkope (von altgriechisch συνκοπή synkopé, deutsch „zusammenstoßen", „ausstoßen"; spätlateinisch syncope[2]), im Deutschen auch Ohnmacht genannt, eine plötzlich einsetzende, kurz andauernde Bewusstlosigkeit, die mit einem Verlust der Haltungskontrolle einhergeht und ohne besondere Behandlung spontan wieder aufhört. Quelle: https://de.wikipedia.org/wiki/Synkope_(Medizin)

ein paar Sekunden oder Minuten wieder aufgewacht. Meistens allein. Das Gefühl, das ich hatte, wenn ich weg war, war eigentlich ganz schön, hell und warm. Beim Zurückkommen hat es sich hart und kalt angefühlt. Ich habe mir zusammengereimt, dass der Tod sich vermutlich sehr ähnlich anfühlt, also warm und hell. Als ich bei meinem vorletzten Aufenthalt im Krankenhaus allerdings ohne Vorwarnung auch schon im Liegen synkopiert bin, habe ich plötzlich doch Angst bekommen. Todesangst ist sicherlich eine der schlimmsten Erfahrungen, die man machen kann. Egal, wie sehr man sich vor etwas fürchtet – diese Angst ist pur, unverdünnt, nackt.

> *„Wenn man sich vor dem Tod fürchtet, hat man nicht Angst zu sterben, sondern darum, das Einzige zu verlieren, was einen hier auf dieser Welt hält – das Leben."*

In diesem Moment habe ich beschlossen, dass ich leben will und mich für eine Transplantation entschieden. Da war es allerdings fast schon zu spät. Nur drei Wochen später hat meine Lunge nicht mehr selbstständig geatmet. Der Weg dahin war Sterben. Ich konnte ganz deutlich spüren, wie der Körper immer mehr aufgab. Das Atmen bereitete mir Schmerzen. Leben war anstrengend. Dieser Prozess des Sterbens war nicht schön. Es war schmerzhaft und voller Angst. Ich kann mich allerdings an ein paar Dinge nicht mehr erinnern. Für mich ist das eine Funktion des Geistes, der die ganz schlimmen Dinge wohl von einem fernhält. Ich weiß nicht, wie man diesen Zustand nennt, wenn man von Maschinen am Leben gehalten wird. An alles danach erinnere ich mich nicht mehr. Und ich bin dafür auch sehr dankbar, denn ich hatte wirklich keine Kraft mehr.

Das Nächste, das ich weiß, ist, dass ich nach ca. drei Wochen wieder aufgeweckt wurde.

Zurück im Leben, ist der Tod ein Freund

Ich habe mich nach all diesen Erlebnissen einmal ausgiebig mit dem Leben beschäftigt. Das war auch nicht schwer, denn es floss wieder freudvoll durch meinen Körper. Es war, als würde alles vor Freude beben und zittern, die Kraft wurde mehr, ebenso wie die Energie. Es war wie Frühling! So wundervoll! Wenn man wieder atmen kann, macht man sich wenig Gedanken über den Tod. Ich hatte ihn *besiegt* oder zumindest Zeit herausgeschlagen.

Trotzdem beschäftigten mich immer wieder Gedanken daran, was passieren würde, wenn die Lunge nicht mehr funktioniert. Jedes transplantierte Organ hat ein „Ablaufdatum". Man weiß nie, wie lange es hält, und wie gesund es ist. Das kann bedeuten: zurück zum Start. Zurück ins Leid, zurück zur Anstrengung, hinein in neue Situationen. Unbekannt, beängstigend, herausfordernd. Ich habe diese Gedanken nicht weggeschoben. Sie gehören für mich zum Prozess des Heilwerdens dazu. Diese Gedanken waren und sind Teil von meinem neuen Selbst. Ich habe sie akzeptiert, weil ich spürte, dass es wichtig war, sich auch darüber klar zu werden, dass ich mich in jedem Fall wieder und wieder und wieder *für* das Leben entscheiden würde. Was ich gelernt habe, ist, dass das Leben weitergeht, auch wenn ich im Moment noch nicht genau weiß, wie.

Was von uns übrig bleibt, wenn die Seele geht

Inzwischen glaube ich auch, dass (Todes-)Angst etwas ist, das man nicht steuern kann. Aber man kann sich mit der Angst vor dem Tod beschäftigen und sehen, wofür sie steht, und was dahinter liegt. Vielleicht ist es anders mit dem Tod, wenn „die Zeit" gekommen ist. Vor zwei Jahren habe ich den Tod meiner Großmutter miterlebt. Genauer gesagt ihr Sterben. Sie hatte mir einmal erzählt, dass sie wie ihre Eltern sterben würde. Beide waren bis ein paar Tage vor ihrem Ableben noch fit, wurden dann krank, haben sich ins Bett gelegt, noch ein paar Tage gelebt, und sind dann gestorben. Meine Großmutter war ungefähr zwei Wochen im Spital. In dieser Zeit haben alle ihre Sinne, ihr Gehirn, ihr Körper abgebaut. Man konnte dabei zusehen, wie sich ihre Persönlichkeit Stück für Stück verabschiedete.

An dem Tag, an dem sie starb, war ich am Weg sie zu besuchen, als mich meine Mutter anrief, um mir zu erzählen, dass sie bereits gestorben sei. Nach kurzem Zögern bin ich trotzdem noch hingefahren, um mich zu verabschieden. Im Nachhinein die beste Entscheidung. Ich konnte mich verabschieden und eine wichtige Sache verstehen. Den toten Körper meiner Großmutter zu sehen, war irgendwie tröstlich, denn er war wirklich nur noch eine Hülle. Das war nicht mehr meine Oma, die da lag. Es war der tote Körper einer guten Seele. Ihre ganze Energie, alles, was diese Frau zu meiner Großmutter gemacht hatte, war nicht mehr verbunden mit dem Körper, der da lag. Ich war richtig erleichtert und glücklich zu wissen, dass sie nicht lange leiden musste, dass sie nicht an Maschinen gebunden auf den Tod gewartet hat, sondern *Er* sie geholt hatte, als es für sie Zeit war, und sie vermutlich bereit war, zu gehen.

Der Tod als Meister für das Leben

Was ich denke, ist, dass wir keine Angst mehr vor dem Tod haben müssen, sobald wir uns vom Leben verabschieden können und wissen, dass wir gelebt haben und alles so gut gemacht haben, wie wir es irgendwie konnten. Ich glaube, die Angst vor dem Tod ist in Wahrheit ein Nicht-Loslassenkönnen vom Leben. Wir leben unsere Leben immer auf etwas hin. Selten ist der aktuelle Moment der wichtigste. Wir denken an morgen, oder wenn x dann y, wenn ich das erreicht, das gemacht, das geschafft habe, in Pension bin, *dann* lebe ich.

Aber ist es dann nicht zu spät? Wie viel Leben können wir in 20 Jahre packen, dass wir 60 Jahre nicht getan haben? Das *Jetzt*, genau dieser Moment, das wissen und spüren wir, ist *alles,* was wir haben. Und trotzdem denken wir oft nur daran, wie wir ein *Später* zu dem machen können, was wir uns erträumen. Sind die Momente, die wir erleben, so schlimm? Ist das Leben, das wir führen, uns so wenig wert zu leben, dass wir immer nur an später – oder auch an früher – denken?

Das Leben leben

„Das Leben hat (mindestens) zwei Seiten. Wenn ich nur eine Seite betrachte, versäume ich alles, was mir die zweite zu geben vermag."

In anstrengenden Momenten höre ich mich gerade immer wieder sagen: „Das werde ich nicht vermissen." Als ich das das neulich wieder sagte, habe ich begonnen darüber nachzudenken, was das eigentlich bedeutet. Seit Anfang Jänner warte ich auf eine neue Lunge. Wie lange das Warten noch dauern wird, kann mir niemand sagen und ich habe mich gefragt, ob ich später, wenn das alles vorbei sein wird, wirklich auf eine Zeit zurückblicken möchte, in der ich mich nur darauf konzentriert habe, was ich nicht mehr vermissen werde. Wäre das nicht eine Art des Sterbens? Wäre das nicht Stillstand und gleich Tod?

Ich habe daher beschlossen, jenen Dingen mehr Aufmerksamkeit zu geben, die ich noch genießen kann. Genießen, was noch möglich ist, was nur *jetzt* gerade oder eben wegen dieses besonderen Zustands möglich ist. Dinge, die ich später, nach einer Transplantation, an dieser Zeit auch vermissen werde.

Was tun wir, wenn wir immer nur daran denken, wie wir leben werden, wenn das oder jenes geschieht? Wie viel Leben ist in unserem Sein und wie viel Tod, wenn wir uns dem Moment entziehen, der gerade in unseren Händen liegt? Dieser Moment ist das Einzige, was uns je wirklich gehören wird. Jeden einzelnen Moment mit Leben zu füllen, ist, glaube ich, das Geheimnis, das wir lösen müssen, wenn wir die Angst vor dem Tod überwinden wollen. Der Tod gehört zum Leben dazu. Wir kommen alle mit Ablaufdatum auf die Welt. Jedes Neugeborene trägt in sich bereits sein Ende. Und dazwischen ist *das Leben*.

Jeder Moment, der vergeht, ist ein kleiner Tod.

Jedes Mal, wenn wir uns niederlegen und schlafen, jedes Ausatmen ist ein Loslassen. Aber ohne den nächsten Moment gibt es kein Leben, wenn wir nicht schlafen, können wir nicht wieder aufwachen, wenn wir nicht ausgeatmet haben, können wir nicht wieder einatmen, wir müssen loslassen, um zu leben. Sind wir uns dieses Zyklus bewusst, so ist das Leben meiner Meinung nach vollständig. Es ist nicht nötig, immer daran zu denken, dass wir sterben werden, aber sich öfter einmal bewusst zu werden, dass wir leben, wird uns ein tiefes Gefühl der Dankbarkeit und Freude geben.

Der Tod gehört zum Leben dazu. Alles ist ein Zyklus, in dem entsteht und vergeht, ist das nicht wundervoll? Jeder Moment ein Geschenk des Lebens an uns! Der Tod erinnert uns daran, dass wir dazu da sind, das Leben zu leben, bewusst, achtsam und auch Zeiten mit Liebe und Dankbarkeit zu durchleben, die uns alles abverlangen, die uns dazu zwingen und bringen, die Schattenseiten des Lebens zu erforschen und aus ihnen gestärkt und mutig weiterzugehen.

Ich will leben. Sehr gerne noch sehr lange und wenn möglich so gesund, wie das eben geht. Trotzdem umarme ich den Gedanken an den Tod wie einen lieben Freund, denn das hilft mir dabei, noch intensiver zu genießen, was ich habe. Trotz aller Anstrengung in diesem Leben.

Wenn plötzlich alles wieder gut ist

Geschrieben am 24. September 2018

Wer glaubt, dass positive Ereignisse und Veränderungen das Leben nur leichter oder einfacher machen, der irrt sich. Ich höre immer wieder, dass, auch wenn Veränderungen positive Aspekte in unser Leben bringen, diese oft als sehr anstrengend empfunden werden können. Über Neues, Positives, Schönes kann man sich doch nur freuen – oder? In unserem Leben passiert es wohl öfter, dass einem nach einem schlimmen Ereignis mehr Trost, Zeit oder Anerkennung für den Umgang damit zugestanden wird. Aber wie ist das mit den positiven Dingen? Die erfordern oft viel mehr von uns als die reine Akzeptanz.

Alles anders? Na, dann los!

Als ich Mitte Juli 2018 meine neue Lunge bekommen habe und am nächsten Tag aufgeweckt worden bin, war ich gut gelaunt, happy, überdreht. Vermutlich auch durch die Medikamente/Drogen. Ich ertappte mich bei dem Gedanken: „Bist du überhaupt dankbar genug?" Es rührte sich eine Art Schuldbewusstsein, weil ich „einfach nur so glücklich" war. Oder war ich vielleicht nicht glücklich genug? Jedenfalls habe ich sofort damit begonnen „Danke" zu sagen. Dem Universum, den Ärzten, der Welt, der Lunge. Ich habe mich darauf konzentriert, „glücklich" zu sein, weil ich es natürlich gefühlt habe, aber vor allem, weil Dankbarkeit und Freude in diesem Moment einfach „passend" waren.

Als ich dann nach Hause kam, war das Leben vor allem eines: anstrengend. Weil es anstrengend ist, wenn man auf einmal wieder „normal" ist. Weil ich zu viel von mir wollte. Weil ich gesund sein wollte. Weil ich sofort wieder ins Leben stürzen wollte und ich kam aus dem Wollen und Sollen gar nicht mehr heraus.

Falsche Vorstellungen

Ich kann mich erinnern, dass ich mich auch leer und überfordert fühlte, aber wie konnte das sein! Jetzt, wo doch die Lunge endlich da ist! Als ich sechs Wochen später darüber sprach, merkte ich erst, wie sehr das Tempo, das sich in meinem Leben breitgemacht, das ich zugelassen hatte, mich überforderte. Ja, die Lunge war endlich da, aber ich hatte das Gefühl, zerrissen zu sein in der „Zeit". All das, was wieder funktioniert mit der neuen Lunge, ist ein unglaubliches Geschenk, aber die Geschwindigkeit, mit der es geschah, hat mich nicht nur glücklich gemacht. Oh, ich bin und war sehr dankbar, aber es fühlte sich trotzdem nicht *richtig* an.

Ich hatte das Gefühl, dass ein Teil von mir noch nicht realisiert hatte, was jetzt eigentlich passiert war. Und ich erinnerte mich an die Geschichte eines Forschers, der die Mitarbeiter seiner Expedition antrieb. Irgendwann blieben sie sitzen und teilten ihm mit: Ja, sie wären da, aber ihre Seelen müssten noch nachkommen. Genauso fühlte es sich für mich an. Auch für gute Veränderungen im Leben braucht es Zeit sie zu verarbeiten, zu „verdauen" und das Leben, wie wir es noch nicht kennen, neu aufzubauen.

Es ist wohl auch so, wenn ein Kind geboren wird, ein neuer Job gefunden, ein neues Projekt gestartet wird. Etwas ist neu, braucht seinen Platz und Routine, Aufmerksamkeit und Adaption von unserer Seite. Das Gleiche gilt für den Tod, Jobverlust, Trennung und dergleichen. Wir denken, dass das Positive sich seinen Platz im Leben selbst schafft, dass, wenn wir mehr von etwas haben, oder sich ein Wunsch erfüllt, wir einfach nur glücklich sein werden. Aber Veränderung braucht Zeit, vor allem unsere Aufmerksamkeit.

Wechselbad

Ich habe sehr genau beobachtet, was es mit mir tut und ich bin von der Euphorie in eine neue Stimmung gewechselt. Ich bin jetzt neugierig. Jeden neuen Tag, jede neue Woche betrachte ich als neue Möglichkeit, mit dem umzugehen, was ist. Ich muss nicht, wie ich früher dachte, sofort wieder voll da sein. Ich darf mich ent-wickeln. Aus dem Kuddelmuddel der verschiedenen Gedanken, Wünsche und (An-)Forderungen an mich selbst heraus neu entstehen. Weil ich jeden Tag neu bin.

Wenn ich so wachsam und achtsam mit mir selbst bin, kann ich diese Veränderungen besser sehen und annehmen. Mich gut um mich selbst kümmern und meine Bedürfnisse besser leben. Dann findet Veränderung statt, ohne dass sie mich ohnmächtig macht und ohne dass ich von mir selbst fordere, in einer bestimmten Art und Weise zu sein. Was für mich wesentlich ist: Niemand sonst fühlt und spürt, wie es mir geht. Was „die Gesellschaft" von uns erwartet, ist auch das, was wir erwarten oder glauben zu müssen. Indem ich mir ein Bewusstsein schaffe von dem, was ich kann, wie es mir geht, und langsam Schritt für Schritt sehe, was ich leisten kann oder eben auch nicht, umso leichter kann all dies auch mein Umfeld akzeptieren.

Denken wir – sich denken

Wir denken, also sind wir. „Ich denke, also bin ich." Dieses Zitat von René Descartes ist auch auf dieser Ebene wahr. Nur wenn ich denke, dass ich auf eine gewisse Art und Weise zu sein habe, kann dieser Gedanke auch Druck auf mich ausüben. Veränderung braucht Zeit. Auch wenn sie gut ist. Auch das Gute will in unserem Leben seinen Platz haben. Stell dir vor, du gewinnst im Lotto und holst den Gewinn nicht ab. Apropos Lottogewinn: Ich würde die Million auf ein Konto einzahlen und mir jeden Monat davon 3000 Euro auszahlen lassen. Genug für ein gutes Leben ohne Sorgen und mit genug Luxus.

So ähnlich sehe ich das auch mit allem anderen Guten im Leben: Ich integriere es jetzt in kleinen Dosen in mein Leben. Schritt für Schritt. Ich muss ja nicht alles sofort annehmen, ich kann auch sagen: „Danke! Gerne später!" Das lässt mich glücklich sein.

Niki Laudas Lunge – Gedanken und Meinung

Geschrieben am 8. Oktober 2018

In diesem Beitrag möchte ich meine Meinung zur Lungentransplantation von Niki Lauda teilen und zur öffentlichen Debatte zum Thema Organtransplantation in Österreich und Deutschland Stellung nehmen. Zunächst einmal finde ich, die Öffentlichkeit, die das Thema Organtransplantation durch die Operation von Niki Lauda bekommen hat, schlicht großartig. Viel mehr Menschen haben dadurch wohl das erste Mal über das Thema erfahren und seitens des AKH (Allgemeines Krankenhaus Wien und Uniklinik) gab es eine grandiose Öffentlichkeitsarbeit. Endlich gibt es ein größeres Verständnis dafür, was es bedeutet, ein/e Transplant-Patient/in zu sein. Im August 2018 gab es kaum eine Zeitung, die nicht mit der Nachricht getitelt hätte, dass Niki Lauda sich einer Lungentransplantation unterziehen musste. Ich fand die Formulierung „unterziehen musste" im Zusammenhang mit einer Lungentransplantation weniger passend. Eine Lungentransplantation ist die letzte Maßnahme, ein Menschenleben zu retten, wenn alle anderen Therapien fehlgeschlagen haben und sonst nichts mehr hilft. Nach über 20 Jahren Erfahrung ist die Operation selbst in Wien bereits „Routine", wie mir ein Arzt einmal gesagt hatte. Die OP selbst ist oft nicht so heikel wie die Zeit danach. Ist der „technische Teil" gut gelaufen, geht es darum, ob der Körper das Organ annimmt und wie der/die Patient/in sich von der Operation erholt. Welche Vorerkrankung vorlag und wie geschwächt der Organismus war oder ist. In der Berichterstattung wurde das besonders gut deutlich, denn obwohl zunächst alles sehr positiv lief, traten die Komplikationen bei Niki Lauda eben auch später auf. Ich möchte auch besonders hervorheben, dass ich in keiner Weise an einen Promibonus glaube. Ich selbst habe bei meiner ersten Transplantation im Juni 2010 erlebt, wie schnell alles gehen kann. Damals wusste ich lange nicht, ob ich mich für eine Lungentransplantation entscheiden sollte. Erst, als ich mitbekommen habe, wie wenig Kontrolle ich über mein Leben und meinen Zustand hatte, habe ich unterschrieben. Ich glaube, mir war lange überhaupt nicht bewusst, wie krank ich und wie ernst die Situation war. Ich unterschrieb zwischen dem 26. und 30. Mai. Als am 8. Juni meine Lunge versagte, wurde ich, genau wie Niki Lauda, als *„High Urgency"* eingestuft. Vom 10. auf den 11. Juni wurde mir eine Doppellunge, also beide Lungenflügel, transplantiert. Ich habe meinen 32. Geburtstag am 11. Juni verschlafen. Genau wie die nächsten zwei Wochen.

„High Urgency" bedeutet, der/die Patient/in stirbt binnen kürzester Zeit, wenn er/sie kein neues Organ erhält. Ich habe fast ebenso kurz gewartet wie Niki Lauda. Allerdings ohne Promibonus. Einfach, weil die Ärzte, Pfleger, Schwestern und wie so viele andere im AKH ihren Job so großartig machen und die Fähigkeit haben, Leben zu retten. Auch wenn man als Patient/in nicht immer so freundlich sein kann, ich bewundere diese Menschen und bin dankbar dafür, dass sie täglich für andere da sind, und sich oft mit all ihrem Sein dem Retten von Menschenleben widmen.

Neben einer Reihe an Untersuchungen gibt es, um als Patient/in auf die „Liste" kommen zu können, auch Auflagen, die erfüllt werden müssen. Es muss beispielsweise gewährleistet sein, dass der/die Patientin psychisch und physisch dazu in der Lage ist, mit dem transplantierten Organ leben zu können – und zu wollen. Gewicht und Fitness spielen ebenfalls eine große Rolle, denn, ohne dass man sich fit hält und ein gesundes Leben führt, hat man wenig und vor allem nicht lange Freude an dem Leben mit dem neuen Organ. Dazu gehört eine gesunde Ernährung, Sport, Nichtrauchen, genügend Ruhe und wenig Stress. Ich selbst meditiere seit über 10 Jahren und mir hilft das immens, um mit allen Ängsten, Zweifeln, Sorgen, Freuden und Veränderungen umzugehen, die in meinem Leben auftauchen und auch abtauchen.

Besonders während der Wartezeit für die zweite Transplantation im Juli 2018 hat mir diese Praxis besonders geholfen, aber jede/r findet da seine eigene Strategie.

Nachdem ich seit 2005 AKH-Patientin bin, die Ärzte und viele Lungentransplantierte kenne, bin ich überzeugt, dass, wenn die Ärzte nicht hundert Prozent daran geglaubt hätten, dass es sich hinsichtlich seines Überlebens „lohnt" Herrn Lauda zu operieren, sie hätten sich nicht für eine solche, auch riskante Operation entschieden. Dass es überhaupt die Möglichkeit gibt, Menschenleben mit solch einer Operation zu retten, ist unfassbar wunderbar! Ich bin dankbar, in Österreich zu leben, wo sowohl die Forschung als auch die Politik hinter dieser Methode steht und es dank der Widerspruchsregelung möglich ist, wirklich viele Menschenleben zu retten.

Hinter jedem/r Patienten/Patientin steht eine Geschichte, in der Leid, Angst, aber auch Mut und Liebe zum Leben zu finden sind, dass man es sich gar nicht vorstellen kann. Aus meiner Erfahrung weiß ich auch, dass man sich diese Angst vor dem Tod nicht vorstellen kann, hat man sie nicht selbst erlebt. Es ist ein Zustand, in dem einem unglaublich schmerzlich bewusst wird, wie endlich das Leben ist, und man kann den Tod spüren.

Ich habe, glaubte ich, keine Angst vor dem Tod. Für mich ist er nicht das Ende, oder zumindest nur das Ende meiner Existenz in diesem Körper. Wie sehr ich doch an dieser Form und an diesem Leben hänge, habe ich aber erst so richtig bemerkt, als ich erlebt habe, wie wenig Kontrolle ich darüber habe, wann ich sterben werde. Für mich wissen jene, die sagen/meinen, sie wüssten jetzt zu hundert Prozent, dass sie sich gegen eine Transplantation entscheiden würden, nicht, wovon sie sprechen. Wenn man niemals so krank war oder jemals jemandem beim Sterben an einer schweren Krankheit begleitet hat, wenn man nie auf medizinische Hilfe angewiesen war oder erlebt hat, wie Krankheit das Leben beeinflusst. Wenn man nie erlebt hat, wie es ist, an einer Krankheit zu leiden, die nicht geheilt werden kann, der/die kann es auch nicht begreifen. Ich habe auch Verständnis, dass man das nicht wissen kann. Das zu erleben, ist einfach ganz besonders heftig. Man sollte sich nur darüber bewusst sein, bevor man so leichtfertig über sein Leben bestimmt.

Empathie und Mitgefühl helfen, aber wirklich vorstellen kann man sich das einfach nicht. Mir ist es wichtig, zum Nachdenken anzuregen und sich nicht von Ängsten und Halbwissen überschwemmen zu lassen. Besonders auch, an ein Mitfühlen und Empathie zu appellieren.

Es stimmt. Die Organe stehen nur zur Verfügung, wenn ein Mensch gestorben ist, und zwar auf eine Weise, welche die Medizin nicht aufhalten oder ändern kann. Ich finde, es müsste noch mehr aufgeklärt werden darüber, wie Organspende passiert, und dass nicht jeder Mensch, der stirbt, auch gleich ein Organspender sein kann. Natürlich gibt es religiöse Gründe. Ich kann da leider nicht ganz objektiv sein, denn ich lebe dank einer Organspende und weiß um das Leid derer, die warten. Manchmal kann ein Mensch, der schon gestorben ist, die Rettung für andere sein. Ich glaube, es ist die reine Angst vor dem Ungewissen, die uns in die schrecklichsten Bilder und Ängste eintauchen lässt. Angst und Unwissenheit sind eine Kombination, die die Menschheit nicht erst einmal unbedarfte Handlungen hat begehen lassen. Der Tod wartet auf uns alle. Manche dürfen ein wenig länger leben, andere gehen früher. Ich habe allerdings noch niemanden kennen gelernt, der nicht glücklich und vor allem unendlich dankbar gewesen wäre für seine geschenkte Lebenszeit.

Beschädigte Ware

Geschrieben am 3. September 2018

Letztens saß ich mit einer Freundin zusammen, die ebenfalls zweimal lungentransplantiert ist. Ich fragte sie, ob ihr die Narbe auch noch wehtut und wir sprachen über ein paar andere Dinge. Man kann sich gar nicht vorstellen, was nach einer Transplantation plötzlich an Themen auftauchen. Sie erzählte mir, sie würde ihre Narbe, die wie bei mir quer über den Brustkorb verläuft, vor allem in der Mitte gar nicht so gerne angreifen. Dort ist auch die Stelle, wo der Brustkorb aufgezwickt wird (Anm.). Dann ergänzte sie noch scherzhaft, sie sei ja „beschädigte Ware". Das hat mich zum Nachdenken gebracht und deshalb möchte ich gerne über Narben schreiben. Beschädigte Ware wird im Handel entweder entsorgt und gar nicht verkauft oder günstiger angeboten. So, als ob das, was da beschädigt ist, dadurch weniger wert wäre. Aber stimmt das immer? Kommt es nicht darauf an, was wie beschädigt wurde/ist?

Seit der Lungentransplantation vor acht Jahren zieren mich drei große und sechs kleinere Narben. Bei der zweiten Transplantation wurde genau wieder an derselben Stelle geschnitten, die Narbe sozusagen erneuert. Jetzt beschreibt sie eine Linie unterhalb der Brust, quer über den gesamten Brustkorb. Noch ist sie rot, und man sieht rechts und links von ihr kleine Punkte, dort, wo die ca. 54 Klammern angesetzt waren. Wunderschön! Ich sehe mich mit meinen Narben also vollkommen anders. Eine andere Freundin von mir meinte in einem Gespräch letztens, dass Narben die Verletzlichkeit des Körpers zeigen würden. Auch das war ein vollkommen neuer Gedanke für mich. Ich fühle mich überhaupt nicht beschädigt oder verletzlich. Ich fühle mich mehr als Kriegerin. Meine Narben trage ich, weil ich etwas erlebt habe. Ein Zeichen dafür, dass ich etwas überlebt habe. Mein Körper ist transformiert, verändert, und ich mit ihm. Ich trage die Narbe als Zeichen dafür, dass ich zumindest einen Kampf gewonnen habe und eine Geschichte erzählen kann. Es gibt da dieses wunderbare Bild von der gebrochenen Schale.

„In Japan wird ein zerbrochener Gegenstand häufig mit Gold repariert. Der Makel wird ein einzigartiger Teil seiner Geschichte. Er verleiht ihm mehr Schönheit. Denk daran, wenn du dich zerbrochen fühlst."
(unbekannt aus dem Internet)

Ist dieser Gedanke nicht wunderschön! Den Wert eines Gegenstands nicht an seiner Makellosigkeit, sondern an seiner Geschichte zu messen. *Beschädigte Ware.* Das hat mich genauso getroffen wie ein Kommentar zu meiner Post, wo eine Frau schreibt, dass sie sich wiedergefunden hat an dem Punkt, wo ich beschreibe, dass ich das Gefühl hatte, nicht mehr in die Gesellschaft zu passen.

Trotz allem, was wir erlebt haben und noch erleben, halten wir es noch immer für nötig, uns zu rechtfertigen, wenn wir zum Beispiel öfter müde sind und nicht mehr „mithalten" können mit dem irren Tempo, in dem sich die Welt gerade befindet.

Wir sind nicht beschädigt! **Wir sind Helden!**

Anstatt uns dafür zu rechtfertigen, warum wir nicht sind wie die anderen, sollten wir erkennen, welche Kräfte wir tagtäglich aufbringen, und versuchen uns hineinzupressen in Formen, in die wir gar nicht mehr hineinpassen mit unseren Geschichten. Formen, in die wir vielleicht gar nicht hineinpassen sollen, weil wir zu viel gesehen, erlebt, gelitten und gespürt haben. Weil wir einen Schritt weitergegangen sind, indem wir unsere speziellen Geschichten leben. Jeder tut das. Narben erzählen die Geschichte davon. Narben zeigen, wie viel der Körper aushält und wie viel wir bereit waren auszuhalten, um leben zu dürfen und leben zu können. Narben zeigen, dass man mutig genug war, etwas zu riskieren. Ich spreche von den inneren Narben übrigens genauso wie von den äußeren. Nicht alle Narben erkennt oder sieht man.

Oft wollen wir unsere Narben nicht zeigen, weil wir glauben, sie zeigen, wie verletzlich wir sind, dabei zeigen sie das Gegenteil! Sie zeugen von unserer Kraft. Wenn ich in einen Raum voller „normaler" Menschen ginge und anstatt mir selbst Geschichten über die Menschen zu erzählen, die Menschen selbst sprechen lassen würde, ich hätte, da bin ich mir sicher, einen Raum voller Helden. Ich bin der Meinung, dass Helden und Krieger keine Übermenschen sind. Es sind Menschen, die ihr Leben meistern, nicht mit ihrem Schicksal hadern, sondern sich dem stellen, was es ist, und die sich ihr Lachen bewahrt haben. Eine besondere Freundin von mir zieht ihre kleine Tochter allein groß. Der Vater ging, kurz bevor die Kleine auf der Welt war. Ich bin jedes Mal wieder begeistert und voller Bewunderung, wie sie das so „schupft". Nicht, dass sie die ganze Geschichte kaltgelassen hat. Keineswegs. Aber sie hat sich dem allem gestellt und ist mit allem umgegangen. Den schönen und den traurigen Seiten. Sie beeindruckt mich immer wieder. Wenn ich so darüber nachdenke, kenne ich sehr viele großartige Menschen. Ich glaube, sie wissen es nur selbst nicht so gut. Vielleicht sollte ich es ihnen öfter mal sagen.

Für alle Narben gilt: Die Pflege ist wichtig

Ich massiere meine Narben jeden Tag, damit sie geschmeidig sind, bleiben und werden. Vorsichtig und liebevoll. Je länger ich das tue, umso entspannter wird auch das Gewebe um die Narbe. Das, das ich sehe, und auch das darunter. Umso besser ich mit mir umgehe, umso lieber bin ich mit mir in meinem Körper zusammen, der so großartig ist, dass ich jeden Tag staune. Ich betrachte meine Narben ebenso wie alles, was *gut* ist an mir. Ich erinnere mich daran, dass ich nur durch das großartige und wunderbare Geschenk einer Lunge jetzt hier bin, trotzdem aber auch aus vielen Millionen Zellen bestehe, die jeden Tag eine großartige Arbeit tun und durch die mein Körper existiert. Ich bin für jede einzelne dankbar. Alles entsteht und vergeht. Narben, Geschichten, wir selbst.

Betrachtungsweise – von der Selbstwahrnehmung

Geschrieben am 17. September 2018

Jeder Körper verändert sich im Laufe der Zeit. Wir werden älter. Lebensumstände ändern sich. Wir werden faul, sehen unsere Körper als selbstverständlich und kümmern uns zu wenig um sie. Oder wir stellen den Körper auf einen Podest und stellen ihn ins Zentrum unseres Lebens. Ich möchte in diesem Kapitel gerne darüber schreiben, wie es mir mit meinem Körper und seiner Veränderung geht. Vor allem in Hinblick auf die Transplantation. Aber es geht eigentlich noch darüber hinaus.

Als ich vor acht Jahren nach meiner ersten Transplantation und drei Wochen Tiefschlaf aufgewacht bin, hatte ich keine Muskeln mehr. Das erste Mal, als ich mich auf die Waage gestellt habe, hatte ich bei einer Größe von 1,60 Metern 32 Kilo. Der erste Blick in den Spiegel hat mich echt geschockt. Ich war immer ein sportlicher Mensch, habe mich gerne bewegt. Das Wesen, das mich da aus dem Spiegel zurück angesehen hatte, war ich nicht. Man kann sich das gar nicht vorstellen. Es war vermutlich die Zeit, in der ich begonnen habe zu begreifen, was die Yogis meinen, wenn sie sagen: Du *bist* nicht dein Körper, du *hast* einen Körper. Es gab jedoch verschiedene Ebenen meiner Wahrnehmung. Damals kannte ich bereits die Kraft der Gedanken und vor allem die Spiegelarbeit von Louise Hay. Ich habe also begonnen, mich vor den Spiegel zu stellen, meinen Körper zu betrachten, und zu sagen: „Du bist schön." Ich habe es so lange gesagt, bis ich immer mehr Stellen meines Körpers gefunden habe, die mir gefallen haben. Schließlich fand ich mich jeden Tag schöner. Das half mir, mich zu motivieren, mich zu bewegen und mich insgesamt besser zu fühlen. Allerdings habe ich damit auch meine Wahrnehmung betreffend schlanke Körper vollständig verändert. Langsam, ohne dass ich es bemerkt hatte, betrachtete ich die ganze Welt durch diesen neuen Filter. Ich kann mich erinnern, Lady Gaga im Fernsehen gesehen zu haben und ich ertappte mich bei dem Gedanken, sie gar nicht so schlank zu finden. In diesem Moment habe ich begriffen, dass ich die Weise, wie ich mich und meine Umgebung sehe, wirklich unglaublich stark beeinflusst hatte. Ich fand meinen Körper, mich im Ganzen, trotzdem ich nach wie vor viel zu wenig Gewicht hatte, wunderschön. Das hat mir auch geholfen, mich als Person viel besser anzunehmen. Ich wurde immer zufriedener mit mir selbst und mochte mich jeden Tag ein wenig mehr. Konnte mich und meine Fehler oder mein Scheitern leichter akzeptieren und annehmen.

Je mehr wir uns ablenken lassen, umso mehr vergessen wir auf unseren Körper, und darauf uns selbst zu lieben. Dabei wäre es so wesentlich für unsere Zufriedenheit, unser Glück. Unser Körper trägt uns durch unser Leben und zeigt uns, wenn wir Muster in unser Leben bringen, die uns nicht guttun. Ob das Bewegung, Ernährung oder Schlaf ist. Aber auch umgekehrt. Der Körper spiegelt wider, wie wir uns fühlen – wenn wir auf ihn hören, ist er ein wunderbarer, treuer, liebevoller Freund.

Zwei Monate nach meiner zweiten Transplantation war es ganz anders! Ich entwickelte ein Bäuchlein und ich spürte, wie die Muskulatur durch die Schonzeit deutlich schwächer geworden war. Nachdem ich bei der zweiten Transplantation auch acht Jahre älter war, merkte ich deutlich, dass mein Körper mehr Ruhe brauchte, als ich sie ihm geben wollte, um schnell wieder fit zu sein. Wieder bekomme ich ein Geschenk: Zeit zu Heilen. Körper und Geist. Die Naht, die meine Rippen zusammenhält, hat sich zudem gelockert und es ist ein Gelenk entstanden, das ab und zu einmal „knackt". Ein seltsames Gefühl, aber es ist nichts Schlimmes. Eine weitere OP wäre unnötig kräfteraubend. Es ist mir sehr schwergefallen, noch abwarten zu müssen, bis ich mich wieder vollständig bewegen durfte. Krafttraining für den Oberkörper wird frühestens nach zwei bis drei Monaten empfohlen, und vor allem darf es nicht mehr schmerzen. Auch Belastungen sind zu Beginn der Rekonvaleszenz nicht empfohlen. Ich erinnerte mich an die Zeit der ersten TX. Der Unterschied zu früher ist, dass ich mich viel mehr über alles gefreut hatte, was wieder möglich war. Ich hatte wohl durch das lange Kranksein mehr Geduld entwickelt. Nach der zweiten Operation war meine Aufmerksamkeit darauf gelenkt, was ich noch nicht kann. Ich dachte ja, ich würde den Ablauf kennen, aber acht Jahre sind eine lange Zeit und die Zustände, in denen ich war, vollkommen anders. Als ich mich vor acht Jahren in den Spiegel geschaut habe, kannte ich die, die mir entgegengeblickt hat, nicht. Heute kenne und liebe ich sie. Ich bin ungeduldig wie ein Kind, das nicht versteht, warum es warten muss. Ich muss über mich lächeln, denn ich kenne meine Ungeduld. Sie ist mir inzwischen auch ein Freund. Wenn es darum geht, weiterzugehen und nicht aufzugeben, ist sie mir eine große Unterstützung gewesen. Ich werde wohl wieder damit anfangen, mich in den Spiegel zu schauen. Das Leben schenkt mir immer wieder Momente, in denen ich neu beginnen kann. Beginnen kann, beginnen möchte, beginnen muss? Nein, nicht muss – beginnen darf. Die Geschichte, die ich mir selbst von mir erzähle, kann ich ändern. So, wie ich die Betrachtung meines Spiegelbildes für mich geändert habe. So, wie ich jetzt jeden Tag die Möglichkeit habe, mein Leben, meinen Körper und mich anders zu betrachten.

Das Gefühl, unsterblich zu sein. Der Phönix in uns

Geschrieben am 14. Jänner 2019

„Der Tod ist unser Begleiter und ein Versprechen, das uns gegeben wurde, als wir das erste Mal eingeatmet haben."

Wir alle müssen sterben. Das ist so. Wenn ich über das Thema nachdenke, so sind wir durch die Nachrichten eigentlich immer mit dem Tod konfrontiert. Bomben, Lawinen, Tsunamis, Attentate, Krieg, aber auch wenn diese Nachrichten etwas in uns berühren, wird die eigene Sterblichkeit nicht infrage gestellt. Die meisten Menschen denken erst an den Tod, wenn sie ihn erleben. Durch die eigene Krankheit oder den Tod von nahestehenden Menschen. Ich habe mir das erste Mal als Teenager Gedanken darüber gemacht. Ich dachte darüber nach, was ich in der Welt tun soll, und ob mein Tod wohl eine Lücke hinterlassen würde. Später, als es mir im Leben gut ging, habe ich überhaupt nicht an den Tod gedacht. Er war in meinem Leben als Zwanzigjährige einfach nicht existent. Die eigene Sterblichkeit habe ich mir erst mit meiner Diagnose Lungenhochdruck bewusst gemacht. Meine erste Reaktion war aber eher die Verdrängung. Ich habe in der gesamten Zeit vor meiner ersten Lungentransplantation nur an mein Leben, meistens an die Zukunft, selten an den Tod gedacht. Trotzdem hat ER mir keine Angst gemacht. Kranksein hält einen beschäftigt. Man kümmert sich darum, was hier und jetzt wichtig ist und wie die Zukunft sein soll. Eine längere Zeit lang suchte ich mit therapeutischer Unterstützung in der Vergangenheit nach Antworten. Als der Tod aber ganz nahekam, habe ich erst bemerkt, wie sehr ER mich erschreckt hat. Auch wenn man weiß, dass er kommt.

Ich will aber gar nicht so sehr über den Tod sprechen, mehr über das Gefühl der Unsterblichkeit. Denn wenn es uns gut geht, wenn wir nicht an den Tod denken und er in unserem Leben keinen Raum hat, dann leben wir wohl im Gefühl der Unsterblichkeit. Vor allem, wenn wir jung sind, ist er sehr weit weg. Worüber ich heute schreiben will, ist das Gefühl, unsterblich zu sein, wenn man etwas Schreckliches, Lebensbedrohliches erlebt hat. Inspiriert dazu hat mich wieder ein Gespräch mit einer Freundin über Niki Laudas Zustand. In diesem Moment lag er nach seiner heiklen Lungentransplantation (LuTX) im August 2018 nach einer Grippe im Krankenhaus auf der Intensivstation. So eine Erkrankung ist ja besonders im ersten Jahr nach einer LuTX heikel. Die Frage, über die wir sprachen, war, ob es wohl klug für ihn gewesen war, zu fliegen. Dies ist im ersten Jahr normalerweise nicht empfohlen, wird sogar eher verboten. Wir fragten uns auch, ob er wohl genug aufgepasst hätte, und dass er sich wohl bei seiner Frau angesteckt hat. Vielleicht war Niki Lauda zu wenig vorsichtig. Ich habe ja schon darüber geschrieben, wie leicht es möglich ist, sich selbst zu überfordern in der Zeit der Rekonvaleszenz. Ich habe, trotzdem ich es nachvollziehen kann, wenig Verständnis, wenn ein/e Patient/in nach einer Transplantation auf eine solche Weise sein Leben riskiert. Auch weil ich selbst mich stark verpflichtet fühle, gut auf mich aufzupassen. Verständnis habe ich aber auch, weil ich selbst erlebt habe, wie sich diese Unsterblichkeit anfühlt. Als ich zum ersten Mal nach einer herzstärkenden Behandlung (vor der TX) nach Hause kam, hatte ich das Gefühl, ich würde vor Kraft platzen. Auch wenn es nicht so war, so fühlte es sich an, als wäre ich fast gesund.

Nach der Transplantation hat man das Gefühl, jeden Tag stärker zu werden. Man beginnt zu glauben, man könne seinen Körper kontrollieren. Pure Unsterblichkeit, wenn man weiß, dass man den Tod überwunden hat. Dieses Gefühl, das man hat, weil man endlich wieder lebt, ist unbeschreiblich schön und es fühlt sich an wie ein Rausch! Alles, was man überlebt und überstanden hat und diese Kraft, die man spürt. Diese Lebenskraft, das Leben. Dieses Gefühl, das man hat, weil man endlich wieder lebt, ist wirklich unbeschreiblich! Ich glaube, dass man es geistig noch nicht verarbeitet hat. Gar nicht so *fassen* kann, was da gerade passiert ist. Ungefähr ein halbes Jahr nach meiner LuTX bemerkte ich, dass sich mit der Lebenskraft manchmal auch eine gewisse Unbedarftheit eingestellt hatte. Ein Gefühl, dass ich endlich auch einmal loslassen kann und darf. Dieses Gefühl ist wie ein Glücksrausch! Kein Wunder, dass man leichtsinnig wird. Wieder zu leben, wieder zu atmen, sich wieder frei bewegen zu können, ich schreibe es immer wieder, aber es ist so unglaublich berauschend. Ich fühle mich frei, lebendig, wundervoll! Unsterblich!

Doch ich habe auch gelernt, dass dieses Gefühl trügt. Es ist ein Rausch. Es sind Gefühle. Sie sind wundervoll, aber sie sind nicht echt. Als transplantierter Mensch habe ich die Verantwortung, besser aufzupassen als die anderen. Es ist ein Geschenk, ein

Spenderorgan zu bekommen und ich bin als Empfänger aufgefordert, es so gut wie möglich zu behandeln. Es ist, als wäre ich Kind und Erwachsener gleichzeitig. Ich strebe danach loszulaufen und weiß gleichzeitig um die Gefahren, die mich erwarten, wenn ich nicht aufpasse. Innerlich zerrissen – unsterblich – frei und verspielt, unbedarft und doch besorgt. Wer würde sich denn nicht lieber für Unsterblich und Freisein entscheiden? Als ich nach der ersten TX wieder ins Leben kam, habe ich mich gefühlt, als wäre ich ganz neugeboren. Wie ein Kleinkind. Ich musste mich so vollkommen neu kennen lernen, viele meiner Reaktionen kannte ich nicht. Ich reagierte anders auf die Sonne, das Wetter. Sogar, was ich essen konnte, war anders als früher. Jetzt bin ich quasi *erwachsen* als Transplantierte. Doch ich spüre nach wie vor diese Lebensfreude, diese Lust am Sein, die mich verführt, die mich manchmal lockt, auch gedankenlos zu sein und mich ins Leben hineinzustürzen. Es gibt ein Dazwischen, es gibt eine Weise zu sein, zu leben, sich frei zu fühlen und trotzdem so achtsam zu sein, wie es nötig ist als TX-Patientin.

Man lernt es, wenn man lernt, demütig zu sein vor dem, was man nicht kennt. Wenn man lernt, *IHN* in seinem Leben zu akzeptieren. Näher, als *ER* vielen ist, und doch wie bei allen nur ein Begleiter und ein Versprechen, das uns gegeben wurde, als wir das erste Mal eingeatmet haben.

WIE ICH MICH GESUND HALTE

In den nächsten Kapiteln habe ich Blogbeiträge zusammengefasst, die zeigen, wie ich mich gesund halte. Mein Morgen beginnt wirklich seit 2008 mit dem Ölziehen. Ich putze Zähne, schabe meine Zunge sauber und trinke erst mal ein Glas abgekochtes Wasser mit Zitrone. Ich achte darauf, genügend Vitamine zu mir zu nehmen, koche gerne selbst und nutze das Wissen über gesunde Ernährung, welches ich mir in den letzten zwanzig Jahren zusammengetragen habe. Natürlich halte ich mich nicht immer dran, aber mit Liebe gekocht und in Ruhe gegessen, entspannt gekaut ist halb verdaut. Ich achte auf genügend Bewegung, meditiere wenn möglich täglich. Ich habe gelernt, auf meinen Körper zu hören, und passe die Yogapraxis entsprechend an.

Als Transplant-Patientin ist es wichtig, darauf zu achten, regelmäßig zu trainieren, sodass man nicht zu viel Muskelmasse verliert. Regelmäßig mit Freude und angepasst an die Tagesverfassung zu üben, ist für mich die Richtlinie. Yoga, sooft es geht, aber nicht mit dem Kopf durch die Wand. So, wie ich es gerade brauche. In meinem Kopf habe ich schon das nächste Buch über sanften Yoga im Kopf. Bewegung ist so wichtig für einen schmerzfreien und kraftvollen Zustand.

Die allerwichtigste Zutat zum Thema Wohlfühlen und Gesundbleiben ist aber meiner Meinung nach, den Geist klarzuhalten. Unsere Gedanken bestimmen unser Leben, weil das, was wir denken – vor allem über uns – verändert in jeder Minute unsere Stimmung, unseren Blick und so unseren Tag. Aus diesem Grund habe ich hier mehrere Kapitel zum Thema Glücklichsein auch hier in dieses Buch gepackt. Ich schreibe zum Thema Angst und über die Atmung. Allein durch bewusstes Atmen konnte ich mir viel Leid und Schmerz ersparen bzw. besser verarbeiten. Meine Strategien zum Thema Warten, das alle Patientinnen immer wieder beschäftigt, habe ich auch hier hineingeschrieben. All das zusammen ist das Rezept für ein zufriedenes und erfülltes Leben.

Ayurveda - Wissen vom Leben - das Ölziehen

Was heißt eigentlich „Ölziehen" und was bringt es? Als ich begann, Yoga zu üben, sind mir recht rasch die seltsam anmutenden Dinge aufgefallen, die im Shop des Yoga-Zentrums verkauft wurden. Seltsam geformte Kännchen aus Plastik und Keramik und die ebenfalls fremd anmutenden geschwungenen Metallteile. Wenn man Yoga eine Zeitlang übt, kommt man jedenfalls nicht dran vorbei, auch einmal etwas über die *Kriyas*, die Reinigungstechniken, zu hören. Viele davon kennt man auch im Ayurveda. Die Lehre vom gesunden Leben empfiehlt ebenso wie der Yoga die morgendliche Reinigung des Körpers, welche jedoch über das uns bekannte Zähneputzen und Duschen allerdings etwas hinausgeht.

Das Ölziehen ist eine davon. Diese Technik ist allerdings nicht nur im asiatischen Raum bekannt. Auch in Russland sind die Vorzüge des Ölziehens bekannt. Im Zuge meiner Recherche fand ich ein Dokument eines Dr. Karach, welcher seine Öl-Kur in der Ukraine vorstellte. Meine Mutter hatte es mir Jahre zuvor gegeben. Ich selbst ziehe seit vielen Jahren täglich Öl. Mein Gefühl ist, dass mir dieses Ritual besonders guttut. Es hilft mir, Entzündungen im Mundraum vorzubeugen, nach dem Schlaf Giftstoffe aus den Schleimhäuten zu entfernen und auch sonst einfach ein sauberes Gefühl im Mund zu haben.

Die Handlung ist ganz einfach: Man nimmt einen Esslöffel Öl in der Früh nach dem Aufstehen in den Mund und bewegt das Öl zwischen fünf und zehn Minuten im Mund und zwischen den Zähnen. Es wird empfohlen, es durch die Zähne zu „saugen" und so den Mundraum zu „spülen". Ein Ayurveda-Arzt empfahl mir mal, so lange zu ziehen, bis der Schleim, also Kapha, sich lösen würde. Das bemerkt man, wenn man das Gefühl hat, man müsste sich übergeben. Aus diesem Grund kann mein Ölziehen am Morgen auch schon einmal 30 Minuten dauern. Nachdem das Öl ausgespuckt wurde, wird Zähne geputzt. Das Öl sollte man nicht in die Toilette spucken, sondern im Haushaltsmüll entsorgen.

Das Ölziehen unterstützt den Körper dabei, die Schlacken und Giftstoffe, die über die Mundschleimhaut ausgeschieden wurden, auszuscheiden. Wenn man das Öl länger im Mund bewegt hat, wird das Öl wässriger und auch weißer. Ist es noch gelblich, dann hat man zu wenig lange gezogen. Durch die Ölzieh-Kur werden die Zähne fester und heller. Zudem soll Ölziehen dabei helfen, Entzündungen im Mundraum sowie Erkältungskrankheiten vorzubeugen. Ich war überrascht, bei wie vielen Krankheitsbildern es helfen kann. Es hilft das Immunsystem zu stärken, indem die Giftstoffe in der Früh ausgespuckt werden. Inzwischen gibt es dazu auch Studien und letztens habe ich ein kleines Büchlein[11] dazu erstanden. Es wird einiges beschrieben, bleibt aber an der Oberfläche. Ein guter Einstieg.

Die wichtigste Frage, die mir immer wieder gestellt wird, ist, welches Öl man verwenden soll. Hält man sich an das Büchlein, kann man wohl mit jedem Öl, das kalt gepresst ist, Öl ziehen. Es werden einige Öle beschrieben. Ich empfehle für den Einstieg gerne Sonnenblumenöl, weil es am wenigsten stark schmeckt und als Ayurvedapraktikerin verwende ich gerne Sesamöl. Auch dieses hat keinen allzu starken Geschmack. Auch von Distelöl habe ich Gutes gehört. Ich glaube, es ist Geschmackssache.

---

11 Die Ölzieh-Kur von Birgit Frohn

Für weitere Informationen zum Thema Ölziehen:

- Zentrum der Gesundheit – http://www.zentrum-der-gesundheit.de/oelziehen.html
- http://meierhoefer.at
- kritisch natürlich der Standard http://derstandard.at/1318461287492/Genauer-Betrachtet-Den-Mund-voll-Oel-nehmen
- auch die Krone brachte einen Bericht http://www.krone.at/Gesund-Fit/Oelziehen_Alte_Heilmethode_erlebt_ein_Revival-Was_steckt_dahinter-Story-399809

Drei Wege, wie dein Atem zu (d)einer unerschöpflichen Kraftquelle werden kann

„Wir denken über unseren Atem nicht nach, es sei denn, er fehlt uns." Als Yoga-Praktizierende und ausgebildete Lehrerin kann ich diesen Satz nicht zu hundert Prozent unterschreiben. Ehrlicherweise muss ich aber gestehen, dass ich vor meiner Erkrankung und meiner Yogapraxis auch recht wenig über meinen Atem nachgedacht habe. Erst als er fehlte, wurde er mir schmerzhaft bewusst. Dabei ist der Atem so etwas Essenzielles, Lebenswichtiges und vor allem Schönes.

Unser Atem dient nicht nur als Lebensspender, er kann noch so viel mehr. Ich möchte dir deinen Atem als Anker vorstellen. Als Quelle der Entspannung und der Energie. Dazu habe ich dir auch kleine Übungen hinzugefügt, die du zu jeder Zeit und an jedem Ort machen kannst. Mit geschlossenen Augen ist es einfacher, die Aufmerksamkeit nach innen zu lenken, du kannst jedoch bei allen Übungen deine Augen auch offen halten. Lass die Zeit und den Ort nicht zu deiner Ausrede werden, keine Zeit für eine Atempause zu haben. Unser Atem ist der schnellste Weg zurück zu unserer Mitte und er ist immer verfügbar.

Der Atem als Anker in stürmischen Zeiten

Jede Emotion hat ihr eigenes Atemmuster.

Der Atem ist auch in unserer Sprache allgegenwärtig. Trotzdem denken die meisten Menschen, solange er ihnen nicht fehlt, kaum über ihren Atem nach. Kleinere Erkrankungen der Atemwege wie Schnupfen, Husten oder auch Allergien und Heuschnupfen nehmen die meisten als unangenehm in Kauf. Wir achten wenig auf die Veränderungen, dabei ist der Atem der erste, der uns darauf hinweist, dass etwas nicht in Ordnung ist. Etwas „raubt" uns den Atem, im Guten wie im Schlechten. Wir haben einen „kurzen" oder „langen" Atem, finden etwas atemberaubend, schöpfen Atem oder halten ihn an. Wir erledigen etwas „in einem Atemzug", machen eine Atempause oder sind atem-los. Egal ob wir uns freuen, uns ärgern, uns ängstigen oder entspannen. Unser Atem fließt immer angepasst an die jeweilige Situation. Manchmal bemerke ich durch meinen Atem, noch bevor mir klar wird, was ich eigentlich fühle, dass sich im Körper etwas verändert. Kopf, Gesicht oder Bauch werden heiß und mein Atem verändert sich. Erst dann „denke" ich mein Gefühl.

Übung: Setze dich hin und lenke die Aufmerksamkeit auf deine Atmung.

Zähle 10 Atemzüge, dann beobachte, ob sich etwas an deinem Zustand geändert hat. Ich mache diese Übung gerne in angespannten Situationen.

Ent-spannung durch Atmung

Im Yoga und auch in anderen ganzheitlichen Konzepten wird der Atem geschult. Das bedeutet, dass der Fokus auf den Atem gelenkt wird. Vermutlich kann jeder, der Yoga übt, bestätigen, dass der Körper die Asanas, also die Körperübungen, schneller erlernt als der Geist darauf geschult ist, den Atem in jedem Moment zu beobachten. Je länger man übt, umso einfacher wird es, die Bewegung der Atmung folgen zu lassen. Aus diesem Grund gibt es im Yoga Pranayama, die Atemlenkung oder Atemkontrolle. So lernt man einerseits die Asanas, und andererseits die Atemlenkung, um diese beiden später miteinander verbinden zu können.

Nach der Übung, den Atem wahrzunehmen, ist der nächste Schritt, den Atem bewusst und tief ein- und auszuatmen. Ich nenne es auch gerne, den Atem „voll" werden lassen. Bei dieser Übung lenkt man den Atem in den Bauch und später in alle anderen „Atemräume" und füllt diese mit Atemluft. Die meisten Schüler erlernen diese Technik im Sitzen oder Liegen relativ schnell. In Bewegung dauert es etwas, aber auch hier wird die bewusste Lenkung der Atmung als Weite-gebend und entspannend erfahren. Ich glaube, das Geheimnis liegt darin, den Atem zuerst entspannt zu vertiefen und dann loszulassen.

Der Atem ist unser Freund, er fließt ohne jegliches Zutun.

Jedes Baby, das auf die Welt kommt, kann perfekt atmen. Erst im Laufe der Jahre verlernen wir die tiefe Bauchatmung, die uns vollständig entspannt sein lässt und optimal mit Sauerstoff versorgt. Für mich ist das Bauchatmen die effektivste Form, das Atmen wieder zu lernen. Nach ein paar Minuten der Atembeobachtung mit der Bauchatmung beginnen. Dann wieder den Atem beobachten. Es ist unglaublich interessant, welche Auswirkungen diese Atemübungen haben. Besonders schön sind die Möglichkeiten, mit der Beobachtung der Atmung zu entspannen. Dazu empfehle ich das Buch „Gesund durch Meditation" von John Kabat-Zinn.

Übung: Setze dich am Tag fünf Minuten irgendwo in Ruhe hin und beobachte das wunderbare Auf und Ab deines Atems. Nimm dir diese fünf Minuten nur für dich, für deinen Atem und beobachte, was geschieht.

Atmung als Energiequelle

Ohne Atmung gibt es kein Leben. Im Yoga und Ayurveda wird der Atem mit Prana, der Lebensenergie, gleichgesetzt, wobei Prana viel mehr bedeutet als „nur" der Atem. Prana fließt überall und verbindet alles miteinander. Es ist so wichtig zu begreifen, dass wir den Atem jederzeit bewusst dazu nutzen können, frische Energie in unseren Körper und Geist zu holen.

Die bewusste Achtsamkeit auf den Atem oder die paar Minuten Stille geben uns Kraft, aber durch die Vertiefung des Atems und meine Vorstellung kann ich das Atemholen auch für neue Energie nutzen. Zum Beispiel kann es hilfreich sein, nach draußen zu gehen oder das Fenster zu öffnen und ein paarmal tief ein- und auszuatmen, frische Luft in den Körper hineinzubringen. So bekommen auch unsere Zellen neue Energieimpulse. Um bewusst zu entspannen, empfehle ich gerne eine Atemtechnik, die Anuloma Viloma heißt. Sie wird oft auch als Wechselatmung beschrieben. Die Übungsbeschreibung ist ihre einfachste Form.

Atemübung für mehr Energie

Im aufrechten Sitz mit aufgerichtetem Rücken. Der Sitz sollte entspannt, aufgerichtet, der Rücken frei, also nicht angelehnt sein. Ein Kissen unter dem Gesäß oder hinter dem unteren Rücken kann helfen.

Schließe zuerst sanft mit dem Zeigefinger deiner rechten Hand dein rechtes Nasenloch und atme durch das linke Nasenloch 10 bis 15 ruhige Atemzüge ein und aus.

Lege dann die Hand ab und beobachte, wie es dir geht.

Dann schließe mit dem Zeigefinger deiner linken Hand dein linkes Nasenloch und atme durch das rechte Nasenloch 10 bis 15 ruhige Atemzüge ein und aus.

Lege anschließend die Hand wieder ab, spüre nach.

Da die Nasenöffnungen unterschiedliche Qualitäten im Körper anregen, kann man die Atmung durch das linke Nasenloch nutzen, wenn man mehr Kühle oder Ruhe braucht. Im Gegensatz dazu eben durch das rechte Nasenloch atmen, wenn man Energie und Wärme in den Körper bringen möchte. Mehr zum Thema Atmung findest du in diesem Artikel, der auf meinem Blog erschienen ist. [12]

Ich freue mich, wenn du einen Weg findest, dich über deinen Atem wohler, ruhiger und/oder energiegeladener zu fühlen

Dankbarkeit

„Eine Sache, die mich stärkt, wenn ich in schwierige Situationen komme, ist sicherlich meine wertvollste Quelle: die Dankbarkeit."

Ich habe durch die Ereignisse in meinem Leben wieder einmal Zeit geschenkt bekommen. Die Lust und Freude an der Bewegung, die in meinem Leben wieder Platz gefunden hat, führt dazu, dass ich manchmal auf die für mich so wichtige Stille vergesse. Ich kenne das von mir. Ich nehme „Fahrt" auf und bin dann dabei, mich in meinem Leben zu verwickeln. Jetzt kann ich wieder einmal erkennen, wie wertvoll die Zeit ist, die ich habe, während ich auf meine zweite Lungentransplantation warte. Manchmal ist man so sehr in seinen Denkmustern gefangen, dass es schwer ist, sich vorzustellen, wie es anders sein kann. Wenn das passiert, scheint das Leben total anstrengend und man hat das Gefühl, nicht zur Ruhe zu kommen. Man nimmt sich immer

---

12 Die Yogaatmung Theorie und Praxisanleitung: https://www.rani-yoga.at/yoga-atmung-theorie-und-praxis/

weniger Zeit für sich selbst und „verbaut" sich sein Leben mit Dingen, die man glaubt zu brauchen oder zu müssen. Auf einmal ist man nicht mehr Herr oder Frau seiner Zeit.

Das Wichtigste ist in solchen Momenten, einen Schnitt zu machen, kurz aufzuhören. Eine Pause und einen Schritt zurückzutreten, um sich und sein Tun mit Abstand zu betrachten. So kann man sehen, was zu verändern ist, um wieder lachen und entspannen zu können und sich wieder wohlzufühlen. Mir ist diese Erkenntnis so oft geschenkt worden und ich freue mich, dass sie immer mehr zu einem Teil meines Lebens wird.

„Wir wachsen mit den Aufgaben, die uns das Leben gibt. Nutzen wir unsere Kraft, sie zu lösen und sie zu durchleben, gehen wir gestärkt, mutiger und glücklicher aus ihnen heraus. Das ist meine tiefste Überzeugung."

Dankbarkeit für all die Geschenke zu entwickeln, die wir bekommen, ist meiner Meinung nach unglaublich wichtig und wertvoll, weil wir dadurch mehr davon in unser Leben bringen und eine positivere Einstellung zum Leben entwickeln können. Es ist nicht immer leicht, die Geschenke als solche zu erkennen, aber ich bin überzeugt, dass jede Herausforderung auch ein Geschenk für uns in Händen hält. Aus diesem Grund habe ich meine drei Strategien für schwierige Momente geschrieben, als ich im Jänner 2018 auf meine Lunge gewartet habe.

Meine drei Strategien für schwierige Momente

Ich möchte dir hier meine Strategien vorstellen, die mich über die Jahre stark gemacht haben, und die mir bereits durch viele Lebenskrisen aller Art geholfen haben. Ich kann mich erinnern, dass ich bereits mit 15/16 Jahren darüber nachgedacht habe, was mein Platz im Leben ist, warum ich hier bin auf dieser Welt und warum es in meinem Leben nicht einfach leicht sein kann. Die Antworten, die ich damals für mich gefunden habe, haben mich motiviert, immer weiterzumachen. Im Laufe der Jahre konnte ich sie immer wieder anpassen und verfeinern. Zusätzlich dazu habe ich mich später in diesen Bereichen weitergebildet. Mediation, Klangtherapie, Yoga, Stressprävention und Ayurveda geben mir den Rahmen dafür, was ich heute weiß, bin und tue. Inspiration waren und sind auch viele Bücher. Aber auch mit vielen Ausbildungen und Bücherwissen: Nichts, was du gelernt oder gelesen hast, hilft dir, wenn du nicht auch gelernt hast, dein Wissen auch in deinem Leben anzuwenden. Inzwischen sehe ich mich als Expertin für Krisenbewältigung und ich möchte dir mitgeben, was es ist, das mir hilft, mit schwierigen Situationen umzugehen. Egal ob das eine Diagnose, eine unangenehme Situation oder schwierige Emotion ist. Es gibt drei Dinge, die ich anwende.

Realität, Kreativität und Dankbarkeit

Klingt das jetzt ein wenig abstrakt? Ich erkläre dir, wie ich das meine.

Wie kann mir die *Realität* helfen, wenn sie doch gerade so anstrengend ist und mich herausfordert? Sie ist hilfreich, weil sie gleichzeitig mit der Herausforderung einen unbestreitbaren Beweis liefert.

Im Laufe deines Lebens sind dir sicherlich bereits andere Dinge passiert, bist du schon in Situationen gewesen, in denen du dich schon hilflos gefühlt hast, in denen du nicht weiterwusstest, und die dir vollkommen hoffnungslos erschienen sind. Manchmal vielleicht auch weniger dramatisch. Wenn ich in einer Situation bin, die sehr anstrengend für mich ist, dann rufe ich mir dieses Wissen herbei: Ich erinnere mich an all die schwierigen Situationen, die ich in meinem Leben schon gemeistert habe und ich erinnere mich, dass alle dasselbe Ergebnis hatten: Die Probleme haben sich gelöst und dann ist das Leben weitergegangen.

Das Leben geht weiter. Veränderung findet statt und auch wenn ich mir im Moment nicht vorstellen kann, wie diese Situation gut ausgehen soll, so weiß ich doch, dass ich bisher aus allen Schwierigkeiten auch wieder herausgekommen bin. Mit diesem Wissen schöpfe ich Hoffnung und Vertrauen, dass mir auch dieses Mal etwas einfallen wird, dass mir auch dieses Mal geholfen werden wird und dass ich auch dieses Mal etwas tun kann.

Ich bin dann auch einfach nur dankbar für alles,
was ich bis jetzt schon erlebt habe.

Durch diesen ersten Schritt, eben die Realität zu erkennen, geht es mir oft schon viel besser, weil ich der Situation damit ihren Schrecken nehme und ich mir nicht mehr so hilflos vorkomme. Das Problem wirkt dann auch nicht mehr so unbezwingbar und überfordernd.

Vielleicht denkst du dir jetzt: Aber dadurch ändert sich die Situation ja nicht. Stimmt.

Doch wenn du dich nicht mehr hilflos fühlst und dich daran erinnerst, wie du frühere Situationen schon gelöst hast, kannst du dir die Angst nehmen und deine **Kreativität** ins Spiel bringen. Ohne Angst, kannst du kreativ sein, fühlst dich sofort stärker, mutiger und vor allem *handlungsfähig*. Ich meine jetzt nicht, dass du Bilder malen oder basteln sollst – es sei denn es hilft dir klarer zu werden. Fordere deine Kreativität heraus. Male dir in den buntesten Farben aus, wie diese Situation *gut* ausgehen könnte. Das kann jede/r. Unser Gehirn beginnt meistens lieber damit, sich die schlimmsten Ausgänge auszudenken. Fürchterliche Szenarien mit allen möglichen tragischen Ausgängen. Das passiert mir auch, *aber* ich beginne dann auch damit, mir die andere Richtung vorzustellen. Also, wie super es ausgehen könnte. Überlege dir also bewusst, wie diese Situation auch supergut ausgehen kann. Statt Tragödie also *Feel-Good*-Movie im Kopf! Das kann am Anfang ein bisschen schwierig sein, denn positiv zu denken passiert im Gegensatz zu Sorgen und Angstgedanken nicht von allein. Doch der Mensch kann das trainieren und lernen. Beginne damit, die schlimmen Gedanken nach und nach in positive Gedanken zu verändern und schreibe so das Drehbuch um. Wenn ich das mache, versuche ich mir alle Möglichkeiten vorzustellen. Du kannst sie dir auch aufschreiben und wenn dann alle Möglichkeiten vor dir liegen, suche dir aus diesen Versionen die schönste aus.

„Was wäre das Schlimmste, das dir passieren könnte?
Und wenn du die Antwort hast, frage dich, ob es wirklich stimmt."

Stelle dir zunächst einmal die Frage, was das Allerschlimmste wäre, das passieren könnte?

Ich kann inzwischen sagen, dass mir so ziemlich alles, was mir bereits passiert ist, ich mir irgendwann einmal als das *Allerschlimmste* auf der Welt vorgestellt hatte, das mir passieren könnte. Ich glaube, ich sollte damit aufhören. Im Endeffekt hatte es sich dann aber doch nur als ein weiterer Schritt herausgestellt. Auch das ist vorbeigegangen und war dann doch nicht das *Allerschlimmste,* was hätte passieren können. Inzwischen fällt mir, wenn ich darüber nachdenke, was mir schlimmstenfalls passieren kann, nur mehr der Tod ein. Danach gibt es wirklich nichts mehr, was ich in diesem Leben noch machen kann. Und schon wieder ein Aber, denn auch der Tod wäre nicht wirklich schlimm. Zumindest nicht mehr *für mich.* Der Tod ist vor allem für diejenigen schlimm, die zurückbleiben. Die auf dieser Welt zurückbleiben, denn die müssen sich verabschieden und damit umgehen, dass der Mensch nicht mehr da ist. Ich bin aber davon überzeugt, dass der Mensch, der stirbt, erlöst ist. Als 2010 meine Lunge aufgehört hat zu atmen und ich zuvor öfter synkopiert (kurz: ohnmächtig geworden) bin, habe ich das nie als schrecklich erlebt. Durch diese Erlebnisse spüre ich ganz deutlich, dass der Tod auch nur ein weiterer Schritt ist. Wir werden geboren, wir sterben. So ist das.

Ist dir während des Lesens schon eine Situation eingefallen, die du meistern konntest, obwohl sie dir zunächst übermächtig und nicht zu bewältigen erschienen ist? Die meisten Probleme entstehen im Kopf und dort können wir sie meistens auch lösen, wenn wir auch in unserem Herzen nach den Antworten suchen.

Wenn ich so auf die letzten Jahre blicke, dann kann ich erkennen, wie viele Geschenke mir vom Universum gemacht worden sind. *Dankbarkeit* ist meine dritte Strategie. Durch meine Diagnose bekam ich 2005 die Möglichkeit, mein Leben zu ändern. Nachdem ich dieses Geschenk nicht genutzt habe, wurde mir 2007 ein Burn-out geschenkt, das mir ermöglichte, mich von meinem damaligen Arbeitgeber zu trennen. Ich hatte so viel Angst vor dem Was-dann, dass ich es selbst nicht geschafft habe. So wurde die Kündigung zum Geschenk. In der Zeit nach dem Burn-out habe ich mit meinen Aus- und Weiterbildungen begonnen und konnte dank der damaligen Lebenssituation auch damit beginnen, Yoga zu unterrichten. Es wurden mir weitere Hinweise geschickt und viele Geschenke gemacht, die ich nicht deuten konnte. Zehn Jahre später habe ich endlich begriffen, dass es leichter ist, die Veränderungen selbst herbeizuführen, und ich muss nicht mehr warten, bis das Leben kommt und die Dinge in meinem Leben löst, die ich nicht schaffe loszulassen. Nach meiner ersten Transplantation hatte ich verstanden, dass ich mein Leben ändern muss, um glücklich zu werden. Ich wusste aber weder wie, noch konnte ich mich durchringen, loszulassen. 2012 hat sich mein damaliger Partner von mir getrennt. Im Nachhinein konnte ich erkennen, wie sehr ich mich am Alten festhalten wollte. Ich hatte keine Vorstellung, wie es anders sein könnte. Ich hatte unendlich viel Angst vor der Veränderung. Und es wurde mir alles weggenommen. Ich hatte die Hände frei und das Leben vor mir. Unbekannt. Aber wer einmal ins Wasser gesprungen ist oder gestoßen wurde, der weiß, wie es sich anfühlt. Springen ist heute nach wie vor nicht einfach, aber ich habe ein unendliches Vertrauen darin, dass da immer etwas Großartiges auf mich wartet. Damals war das ein neues Leben in einer neuen Stadt mit einem neuen Partner und mit viel mehr Freiheit, Freude, Liebe und Leichtigkeit, als ich es mir je vorstellen konnte. Das Leben hat einfach die besseren und vor allem kreativeren Ideen!

Wie du Wartezeiten für dich in wertvolle Zeit verwandeln kannst

Es ist der 9. Februar 2018. Mein Leben ist eine Wartezone. Das Warten auf eine neue Lunge war streckenweise sehr hart. Meine Listung wurde am 5. Jänner 2018 durchgeführt. So gesehen ist es noch nicht lange. Ich weiß, die Wartezeit kann sehr kurz sein, aber ich weiß auch, dass die Wartezeit sehr lange dauern kann. Ein Monat ist wirklich erst eine kurze Wartezeit. Aber sie kommt mir schon so lange vor. Zeit ist Illusion. Dieser Monat scheint mir lange, aber wie lange waren wohl die ersten Tage bei meiner ersten OP, als alle darauf gewartet haben, dass ich meine erste Lunge bekam. Ich lag ja beatmet auf der Intensivstation und war nicht mehr wach. Es ist eben nicht immer nur die Wartezeit selbst, die zu bewältigen ist. Ich bin sicher: Niemand wartet gerne und ich weiß, dass ich schon ganz schön ungeduldig werden kann. Warten ist nicht immer meine Stärke. Also übe ich. Ich denke schon recht lange darüber nach, was Warten für mich bedeutet, und vor allem wie ich die Wartezeit besser für mich nutzen kann. Wie ich die Wartezeit erträglich machen kann, Wie ich die Situation, die ohnehin schon unangenehm ist, positiv gestalten kann. Was mich im Moment beschäftigt, ist, was ich mit dieser Wartezeit „anstellen" und sie für mich in eine schöne Zeit verwandeln kann. Hier sind meine Gedanken zum Thema Warten. Dies hier ist eine Art Sammlung verschiedener Ideen und Überlegungen zum Thema Warten.

Sie soll inspirieren, Wartezeit zu verkürzen. Jeder wartet irgendwann einmal. Wir warten auf den Bus, die U- oder Straßenbahn, den Zug, die Freundin oder den Freund, ein Familienmitglied, eine Bestätigung, eine Zusage, einen Brief, eine E-Mail, ein Paket, in der Warteschlange im Supermarkt, vor der Käse- oder Wursttheke, im Wartezimmer des Arztes oder in der Ambulanz, wir warten auf einen Tisch im Restaurant, bei der Post, vor dem Bankomat, auf einen bestimmten Tag. Die Liste könnte ich vermutlich noch viel länger ausführen.

Oftmals ist das Warten mühsam, manchmal ist es in Ordnung, es gibt sogar Zeiten, da genießt man die Vorfreude während der Wartezeit. Wie wir mit dieser Zeit umgehen, liegt an uns selbst. Zunächst einmal ist da die Frage, ob wir die Zeit „haben" oder nicht. Habe ich es bereits eilig, stört es mich mehr, von jemandem aufgehalten zu werden, als wenn ich ohnehin nichts Besseres vorhabe. Ist mein berufliches Weiterkommen oder mein Einkommen von etwas abhängig, warte ich weniger geduldig auf eine Zusage, als wenn ich mir keine Sorgen mache. Je nachdem, was vom Ergebnis abhängt. Wenn ich auf eine Untersuchung warte oder darauf, dass eine Operation gelingt, oder darauf, endlich eine Antwort oder Bescheid zu bekommen, zieht sich die Zeit auch schon mal in die Länge. Nicht nur an diesen Beispielen können wir sehen, wie relativ der Begriff der Zeit ist. Es liegt auch daran, ob wir uns hilflos fühlen, also nichts tun können, oder ob wir die Möglichkeit haben, etwas beizutragen, damit eine Sache gelingt oder deren Ausgang verändern können. Nur warten zu können zehrt an den Nerven.

„Trotzdem haben wir es immer selbst in der Hand, wie wir die Wartezeit erleben und gerade das empfinde ich als etwas sehr Tröstliches. Auch wenn ich keinerlei Kontrolle darüber habe, wie lange ich noch warten werde, so kann ich doch selbst bestimmen, wie ich meine Zeit verbringen möchte."

Gerade war ich ein paar Tage krank, also mit Kopf- und Gliederschmerzen im Bett, total geschwächt und nur müde. Ich dachte daran zurück, wie ich mich an den Tagen zuvor darüber beschwert hatte, dass ich nichts zu tun hätte. Und ich habe mich über mich selbst amüsiert, denn kaum ein paar Tage im Bett und schon konnte ich diesen Tagen wieder sehr viel Positives abgewinnen. Der Mensch lernt durch Erfahrung. In diesem Buch soll es jedoch nicht nur um Erkenntnisse rund um das Warten gehen. Ich möchte dir vielmehr kleine Beispiele für eine sinnvoll genutzte Wartezeit geben, denn diese ist, so habe ich gelernt, geschenkte Zeit und wertvolle Ruhezeit zwischen all den Programmpunkten und der Hektik des Tages, in der wir uns rückbesinnen können, innehalten und durchatmen.

Ich habe mich bemüht, möglichst viele Möglichkeiten zu finden, wie man seine Wartezeit nutzen kann, und habe sie dann in drei Kategorien aufgeteilt. Wo man wartet und worauf, hat natürlich Auswirkungen auf die möglichen Aktivitäten. Die Kategorien sind: in der Warteschlange oder beim Warten auf den öffentlichen Verkehr, im Lokal und auf ein Ereignis. Ich finde es erfreulich, mich daran zu erinnern, dass ein Großteil der Menschen niemals etwas mit Krankenhäusern zu tun bekommt. Nur wenn man in solchen Kreisen verweilt, hat man langsam das Gefühl, als ob jeder „Bescheid" wüsste. Ich finde es schön, dass es nicht so ist. Das Leben soll und darf auch ohne große Katastrophen und Herausforderungen bleiben. Daher habe ich alles in der letzten Kategorie zusammengefasst. Wichtig für mich ist die Erkenntnis, dass ich mich immer bewusst dazu entscheiden kann, etwas Sinnvolles mit meiner Zeit zu tun.

Warten und andere Möglichkeiten

In der Warteschlange oder beim Warten auf die öffentlichen Verkehrsmittel

- Feststellen, warum ich mich gerade ärgere, und mich fragen, warum
- Mein Bewusstsein zum Körper lenken, feststellen wie ich dastehe und den Körper aufrichten
- Mit den Schultern rollen, um meinen oberen Rücken zu lockern
- Den Atem beobachten und vertiefen
- Eine kurze Meditation mit offenen Augen machen: die Gedanken beobachten, ohne sie weiterzudenken
- Die Umgebung beobachten und die Menschen um sich herum ansehen.
- In Gedanken ein Mantra wiederholen
- Sich an der Haltestelle gegen das Warten entscheiden und stattdessen ein paar Stationen zu Fuß gehen
- Sich überlegen, wofür man heute dankbar ist
- Beckenbodenübungen machen

- Wenn es schön ist, mag ich es auch, mir einfach die Sonne ins Gesicht scheinen zu lassen
- Wenn es regnet, mag ich es, den Geruch von Regen wahrzunehmen
- Kurz die Augen schließen und seinen Lieben einen schönen Gedanken schicken

Warten im Lokal
- Die Zeit einfach nur mal genießen
- Einen interessanten Artikel in Zeitungen oder online lesen
- Die Postkarten, die in vielen Toiletten in Lokalen aufliegen, nutzen, um jemandem einen Gruß zu schreiben
- Einfach einmal nichts tun und aus dem Fenster schauen
- Sich auf das Gespräch vorbereiten, das man vor sich hat
- Die Umgebung beobachten
- Sich auf die Person freuen, die man gleich treffen wird
- Ein Gedicht schreiben
- Eine Skizze zeichnen
- Tief ein- und ausatmen

Warten auf ein Ereignis
- Den Schreibtisch aufräumen
- Den/die Kasten/Kästen/Laden/Bücherregale ausmisten (einen nach dem anderen)
- Bücher lesen, die man schon immer lesen wollte
- Tagebuch schreiben
- Ein Visionsboard machen (zeichnen, basteln, am PC designen)
- Den Keller aufräumen
- Einen Podcast hören
- Einen Film schauen
- Ein Bad nehmen
- Meditieren
- Eine Yogaeinheit machen
- Die Mails ausmisten
- Ein Projekt starten, das man schon immer starten wollte, und nie die Zeit hatte

- Kochen
- Mit Freunden telefonieren
- Sich mit Freunden treffen
- Spazieren gehen
- Sich vorbereiten auf den besten Fall
- Sich vorbereiten auf den schlimmsten Fall
- Plan B und Plan C ausarbeiten
- Musik hören
- Sich dem Zeitschriftenstapel widmen, der schon seit Monaten darauf wartet, gelesen zu werden – oder die Zeitschriften endlich entsorgen
- Ein Hörbuch hören
- Wer mag: bügeln, stricken, häkeln
- Kontrastprogramm zum Bügeln: Nägel lackieren
- Beten
- Positive Gedanken denken und denen, die es brauchen, Licht und Liebe senden
- Malen, zeichnen
- Kreuzworträtsel lösen
- (Online-)Weiterbildung beginnen
- Youtube-Videos schauen
- Sich über gesunde Ernährung informieren

Diese Listen sind alle beliebig zu erweitern. Mir war es nur wichtig zu zeigen, dass du immer die Wahl hast, etwas Sinnvolles mit deiner Zeit zu tun! Wir müssen uns nur daran erinnern. Ich wünsche dir eine – trotz allem – entspannte Wartezeit.

Meine vier Strategien für das Erreichen von Zielen

Ungefähr im Februar 2019 habe ich damit begonnen, wieder in Yogastunden zu üben. Es war einfach wunderbar. Langsam kehre ich in ein „normales" Leben zurück und beginne Schritt für Schritt damit, mir wieder einen Rahmen zu schaffen. Es war auch schön, denn es war nicht selbstverständlich. Manchmal fragen mich die Menschen, ob ich wieder alles tun könne. Ob ich sozusagen wieder ganz „die Alte" sei. Und darüber habe ich jetzt doch viel nachgedacht.

Die Antwort ist nein. Natürlich nicht. Ich habe mich lange Zeit kaum bewegt und die OP war erst im Juli 2018. Aber es ist mein tiefer Wunsch, wieder so fit zu werden wie möglich. Mein Wunsch und mein Ziel. Dafür tue ich jeden Tag etwas.

Chronische Abstoßung

Im April 2017 wurde eine chronische Abstoßung diagnostiziert. Ich merkte schon davor, dass etwas nicht in Ordnung sein konnte. Aber ich wollte es nicht wahrhaben. Jedenfalls war es ab einem Zeitpunkt nicht mehr zu übersehen, dass ich langsamer und schwächer wurde. Nichts ging mehr so, wie ich das gerne gehabt hätte. Es war so frustrierend! Ich musste mich an das Tempo und die Kraft anpassen, die mein Körper noch bereit und fähig war zu geben. Ende August konnte ich kaum mehr Stufen steigen, ohne außer Atem zu kommen. Im November war mir ein Fußweg von 10 Minuten bereits zu viel. Ich habe es gehasst. Wieder einmal musste ich das Leben, wie ich es kannte, aufgegeben. Alles loslassen. Ich habe mich dem gefügt. Irgendwie hatte ich ja schon Übung und ich habe mich gefügt. Es tat dann auch weniger weh, als ich dachte. Es wurde mir im November auch Sauerstoff verschrieben. Meine Lungenfunktion war bei 18 Prozent.

Endlich auf der Liste für die Retransplantation im Jänner. Der Weg auf die Toilette war inzwischen eine Riesenanstrengung. Zum Duschen brauchte ich ungefähr eine halbe Stunde, weil ich mich immer wieder setzen musste. Meine Haare zu waschen habe ich deshalb auch eher vermieden. Zu anstrengend. Erlösung im Juli mit der Operation. Die Heilung für das Brustbein dauert Wochen. Die ersten Wochen waren ohne Schmerzmittel nicht möglich. Das alles hilft dem Körper auf der einen Seite, belastet ihn auf der anderen. Er verändert sich. Alles verändert sich.

Mit der Atmung kommt das Leben wieder in den Körper!

„Wenn du einen Wunsch hast, und daraus ein Ziel wird.
Dann tust du etwas dafür – jeden Tag.
Und das ist auch schon das ganze Geheimnis!"

Mein Ziel ist es jetzt also, mich so rasch, aber auch so gesund wie möglich wieder zu regenerieren und meine Fitness wiederaufzubauen. Regelmäßige Bewegung hilft auch gegen den Muskelschwund. Bewegung ist also meine Unterstützung hin zu einem starken Körper. Mein Wunsch ist, mich bald wieder gesund und kraftvoll zu fühlen.

Ich tue jeden Tag etwas für mein Wohlbefinden

Jeden Tag rolle ich die Yogamatte aus und übe. Zunächst sind da kleine Rückschläge. Im Vierfüßlerstand tun auf einmal die Knie weh, die Handgelenke schmerzen, die Kraft ist einfach noch nicht da. Aber ich gehe kleine Schritte – jeden Tag, und ich spüre die Veränderungen. Nach zwei Wochen fühlten sich die Handgelenke schon besser an und die Knie unterlagere ich einfach mit einer Decke. Ich übe auch nicht jeden Tag dieselben Übungen.

Wenn ich müde bin, übe ich sanft, fühle ich mich stark, habe ich
Kraft für mehr Herausforderungen!

Nicht aufgeben!

Jeden zweiten Tag setze ich mich auf den Hometrainer. Inzwischen habe ich 40 Minuten erreicht. In der Hälfte der Zeit radle ich nur auf 65 Watt und halte meinen Puls im Auge. Begonnen habe ich auf Stufe eins bei 20 Minuten. Ich richte mich aber auch nach meinem Befinden. Aktuell habe ich einen leichten Husten, mache also ein paar Tage Pause und beginne dann wieder 20 Minuten, maximal 50 Watt. Das reicht. Ein Schritt zurück, zwei Schritte vor ist ein Cha-Cha-Cha, habe ich mal irgendwo gelesen. Gefällt mir. Ich versuche jeden Tag eine Stunde spazieren zu gehen, entweder gehe ich mit meinem Mann gemeinsam, treffe jemanden oder habe einen Vortrag im Ohr, während ich die Umgebung und die Bewegung an der frischen Luft genieße.

Freude

Freude ist ganz wichtig! Zwar habe ich die Aktivitäten in meinem Kalender notiert, aber ich freue mich immer schon richtig auf die Bewegung! Wenn ich fit bin, mache ich gerne auch ein Kardiotraining. YouTube ist voll von tollen Angeboten und wenn es Spaß macht, macht man es noch lieber. Immer das Ziel vor Augen, wenn man sich bewegt, dann freut sich der Körper schon darauf – man wird fast ein bisschen süchtig danach. Ein gutes Gefühl.

Selbstmotivation

Du brauchst dafür einen guten Grund. *Deinen* Grund! Meine Gründe sind: im Yoga wieder den Handstand zu können. Ich möchte auch wieder auf die Berge gehen und im Frühling würde ich gerne mit einem Lauftraining beginnen. Ich erwarte gar nicht von mir, dass ich sofort wieder fit bin – das ist auch gar nicht nötig! Der Weg ist das Ziel! Ich merke auch, dass ich jetzt vierzig bin und nicht mehr dreißig. Der Körper hat schon viel mitgemacht und das akzeptiere ich. Ich kann gar nicht sagen, wie dankbar ich meinem Körper dafür bin, was er jeden Tag, jede Stunde und Minute leistet! Es ist einfach großartig!

Ich lebe!

Leider bin ich lange nicht so fit, wie ich es noch vor fünf oder sechs Jahren war! *Aber*: Ich habe die Möglichkeit, mit meiner neuen Lunge fitter zu werden, als ich es jemals war. Es liegt an mir. Natürlich nicht nur, aber ich habe es doch in der Hand. Es liegt an meiner Konsequenz, an meiner Liebe, an meinem Denken. Und so ist das für mich mit Zielen und Wünschen und deren Realisierung. Je klarer das Ziel, umso klarer wird, was du dafür tun musst. Und so rolle ich sie aus, meine Yogamatte. Jeden Tag. Und ich übe, so gut ich kann und so viel es mir möglich ist. An manchen Tagen geht es schlechter, an anderen leichter. Es gibt so Wochen, wo gar nichts weitergeht und es gibt Zeiten, da muss ich zurückschalten. Aber ich bleibe dran und es wird. Es wird! Es ist schon so viel besser.

Warum meine Angst mein Freund ist

Geschrieben am 21. Jänner 2019

Grundsätzlich bin ich davon ausgegangen, dass jetzt alles „rundlaufen" wird. Ist es aber natürlich nicht. Ich hätte es mir denken können. Das Leben ruckelt eben, wenn sich wieder eine neue Gelegenheit auftut, mehr über sich selbst zu lernen, und vor allem, um zu lernen, was nötig ist, um weitere Herausforderungen gut zu meistern. Ich glaube fest daran, dass wir keine Aufgaben bekommen, ohne dass uns nicht auch die Kraft gegeben wurde, sie gut zu bewältigen. Es ist nichts *Schlimmes,* aber bei der letzten Lungenfunktion waren die kleinen Atemwege leider irgendwie weg, also weniger. Es war ein kleiner Rückschlag, aber der hat wieder einiges in mir ausgelöst. Vor allem hat diese Nachricht wieder einmal eine kleine Kurskorrektur bewirkt *und* ich war mal wieder mit meiner Freundin, der Angst, konfrontiert. Ich möchte diese Gelegenheit nutzen, um zu erzählen, warum ich meine Angst so gerne mag.

Panisch werden oder ruhig bleiben?

Als ich im Krankenhaus die schlechte Nachricht bekommen habe, war ich eigentlich ganz gefasst. Solange die Ärzte nicht „hysterisch" werden, brauche ich es auch nicht zu tun. Bei der *Bronchoskopie*[13] sind keinerlei Zeichen einer Abstoßung in der

---

13 Bei einer Bronchoskopie, die im ersten Jahr nach einer Lungentransplantation ca. 4–5-mal durchgeführt wird, werden Proben des Gewebes aus der Lunge entnommen. Diese werden auf Bakterien, Keime, Pilze etc. geprüft. So ist es möglich, Entzündungs- oder Abstoßungsprozesse frühzeitig zu erkennen und zu behandeln. Während einer Bronchoskopie ist man zwar wach, aber sediert. Man schläft sozusagen; meistens einen recht erholsamen Schlaf.

Lunge gefunden worden. Ich habe keine Entzündungswerte in meinem Blut und auch sonst hat alles *gut* ausgesehen. Ich dachte zwar sofort daran, dass ich vermutlich einen kleinen Infekt gehabt habe, weil ich mich in der Woche zuvor schwach gefühlt hatte. Mit kleinen Infekten kommt der Körper trotz des reduzierten Immunsystems gut zurecht. Trotzdem meinte der zuständige Arzt, wir sollten gleich mal „schießen". Das bedeutete, vorsichtshalber mit einer mittelstarken Kortisongabe zu reagieren. Ich bekam dann zweimal intravenös Kortison und musste dann weiter die tägliche Dosis Kortison eine Zeit lang erhöhen. Ich hatte beim Kortison auf eine Reduzierung gehofft und die Dosis nicht zu verzehnfachen. Aber was sollte ich tun. Gelassen bleiben und ein leicht sarkastischer Humor helfen mir in solchen Situationen ein wenig.

Ich möchte betonen, dass ich mich im AKH sehr gut aufgehoben fühle und ein großes Vertrauen in meine Ärzte habe. Trotzdem bin ich mündige Patientin, beschäftige mich mit meiner Gesundheit und frage gerne einmal nach, um Entscheidungen zu verstehen. Zusätzlich dazu ist mir klar, dass die Ärzte mich nicht jeden Tag sehen und meine Beobachtungen immer wieder helfen, die Medikation so anzupassen, dass sie mir hilft. Als ich nach Hause kam, war ich vor allem müde und ich habe mich ausgeruht. Für die Bronchoskopie bekommt man einen leichten Schlaf, es ist doch ein Eingriff. Die Aufregung davor und die anschließende Kortisoninfusion haben mich doch ermüdet. Ich wollte fernsehen, um mich abzulenken, und dachte daran, mir etwas zum Essen zu bestellen und einmal liegen zu bleiben. Ging aber nicht.

Panik und ganz großes Kopfkino und trotzdem entspannt bleiben

„Wenn wir uns um uns selbst kümmern können,
dann sollten wir das auch tun.
Und nicht warten, bis die Welt zu uns hinschaut."

Während ich so auf der Couch lag, gingen mir seltsame Dinge durch den Kopf. Ich begann auf einmal eigenartige „Dinge" in meinem Körper und meiner Lunge zu spüren. Ich kannte es schon. Manchmal macht mein Mann sich große Sorgen und er schafft es dann mit seiner Angst, auch bei mir große Angst auszulösen. Ich hatte schon einmal erlebt, wie meine angstvollen Gedanken es geschafft haben, meinen Kopf und Körper davon zu überzeugen, dass ich krank bin. Urplötzlich hatte ich das Gefühl, Fieber zu haben, mein Herz raste. Ich hatte mich richtig hineingesteigert und meine Angst hatte in meinem Körper „echte" Symptome ausgelöst. Ich glaube, im Yoga habe ich gelernt, wie viel man mit der Steuerung der eigenen Gedanken erreichen kann. Das habe ich genutzt, denn was in die eine Richtung funktioniert, das kann man auch umkehren.

Es war ein herrlicher Tag! Draußen schien die Sonne, und ich beschloss, mich um mich selbst zu kümmern. Ich hatte, bevor ich losfuhr, vorsorglich eine kräftige Suppe aufgetaut. Ich habe sie gewärmt und sie hat ihre Wirkung nicht verfehlt. Ich bin meiner Oma jeden Tag dankbar, dass sie in mir die Liebe zum Kochen geweckt hat. Ich habe mir jedenfalls auch ein Blech Gemüse geschnitten und Kartoffeln gekocht. Das Ganze habe ich ins Rohr geschoben und mir mit wenig Aufwand ein wirklich leckeres und stärkendes Essen machen können. Kleine Handlung, große Wirkung. Ich habe gelernt, dass alles, was ich tun kann, um mich, um mich selbst zu kümmern, mir hilft. Aktive Selbsthilfe und das Sich-um-sich-selbst-Kümmern habe ich als wertvolle und stärkende Handlung erkannt. Ich warte nicht, bis die *Welt* zu mir hinschaut, sondern bin zunächst einmal selbst verantwortlich. Auch das Um-Hilfe-Bitten gehört hier dazu. Die Zeit, bis das Gemüse im Ofen fertig war, habe ich für einen Spaziergang genutzt. Nachdem die Zeituhr am

Ofen eingeschalten war, ging ich langsam und entspannt hinaus. Zudem habe ich aus meinem Spaziergang eine kleine Meditation gemacht, indem ich bewusst meine Aufmerksamkeit darauf gelenkt habe, wie meine Füße den Boden berühren. Ich beobachtete meinen Atem, meine Umwelt und alles um mich herum. Die Erfahrung, wie gut es mir tut zu kochen und hinauszugehen, wenn mir etwas zu viel ist, hilft mir, mich zu motivieren, wenn ich mich mal wieder traurig, hilflos oder ängstlich fühle.

Meine Freundin, die Angst

Die Angst war auf einmal da. Vielleicht kennst du das auch. Tausend Gedanken, tausend Ängste, manchmal mit, manchmal auch ohne Grund. Der erste Gedanke ist dann oft: weg damit! Schick sie weg! Vielleicht gibt es auch den Gedanken, dass du die Angst besiegen kannst. Manche sagen auch, dass du stärker bist als deine Angst.

Für mich sind diese Strategien wenig hilfreich, denn die Angst ist ein Teil von mir. Die Angst ist etwas in uns, das gelernt hat, wie schlecht die Welt sein kann und sie will uns beschützen. Angst und die Reaktion vor Neuem sind zudem in uns veranlagt. Angst rettet Leben. Schlachtpläne und Strategien zu überlegen sind sozusagen in uns angelegt. Wir wappnen uns automatisch. Das ist von der Natur großartig überlegt. Es ist auch nützlich, wenn wir in einer realen Situation sind, die gefährlich ist oder sein kann. Wir passen dann automatisch unser Verhalten an. Die reale Situation war aber, dass ich mich ein paar Tage zuvor bereits viel besser gefühlt hatte. Ich hatte gespürt, dass ich gerade das Richtige tue, indem ich meine Bedürfnisse mit Ruhe, Nahrung, Selbstfürsorge gestillt habe.

2018 habe ich die RUSU gemacht. Die Rise-up-and-Shine-University. Ein Online-Programm von Laura Seiler. In diesem Coaching-Programm waren wir aufgefordert, uns unsere Angst vorzustellen und sie zu umarmen. Als ich mir meine Angst genau angesehen hatte, war sie gar nicht so groß und monströs, wie ich dachte. Sie war eher klein und eingeschüchtert. Sie hatte in mir nur so riesig wirken können, weil ich niemals hingesehen hatte. Die Tür hatte ich verschlossen und so konnte ich nur ihre Auswirkungen wahrnehmen. Wie, als würde sie an die Tür klopfen und hämmern. Die Vorstellung von etwas, wovor wir Angst haben, ist oft viel, viel schrecklicher als das, was es dann im Endeffekt ist. Solange ich die Türe nicht aufmache, nicht sehen kann, wie sie aussieht. Ich konnte nicht sehen, wie klein und angstvoll sie eigentlich ist. Die Angst ist wie ein kleiner Hund, der laut bellt, und eigentlich nur Aufmerksamkeit möchte.

„Wenn ich die Angst ansehe, wenn ich sie mir als Freundin vorstelle, dann fühle ich mich vollständig."

Wenn ich diesen Teil in mir nicht wegschicke, dann habe ich viel mehr Kraft. Ich bin dann vollständiger, mit all meinen Anteilen. Ich schaue mir meine Ängste an. Natürlich will ich leben, will ich Pläne machen und will ich Zukunft. Am sichersten ist es aber, mich hier in der Gegenwart darum zu kümmern, was ich gerade machen *kann*. Als ich das begriffen habe, habe ich mich so befreit gefühlt! Ja, es ist ein Balanceakt. Ja, ich muss noch besser aufpassen. Nein, ich kann nicht darauf losstürmen, *aber*, ich kann kleine, entspannte Schritte machen und so gut wie möglich leben. Nutzen, was mir in dem Moment möglich ist und Möglichkeiten sehen. Das alles kann ich auch meiner Angst zeigen. Ich bin so unendlich dankbar für alles, was ich gelernt habe und lernen darf. Auch wenn es schwierig ist, möchte ich ehrlich kein anderes Leben als meines. Wenn ich zurückdenke, sehe ich so viel Positives und Schönes. Manchmal wundere ich mich, wie wenig ich mich an Schmerz und Leid erinnere und wie klar und schön die positiven Erlebnisse gespeichert sind.

Positives Denken

„Es geht nicht darum, sich zum positiven Denken zu zwingen und alles gut zu finden. Es geht darum, den Blick darauf zu lenken, was trotzdem gerade gut ist, und auf das, was möglich ist."

Es geht nicht darum sich, zum positiven Denken zu zwingen und alles gutzuheißen. Das ist Verdrängung oder Verleugnung. Es ist auch nicht alles gut und ich muss mir auch nicht einreden, dass es gut ist, wenn es mühsam ist. Ich kann aber meinen Blick darauf lenken, was trotz allem gut ist und meine Aufmerksamkeit darauf lenken, was möglich ist. Für mich geht es darum, alle meine Teile anzuerkennen und meine Emotionen anzusehen. Mich als Ganzes dieser vielen Teile zu akzeptieren. Es gibt keinen Schatten ohne Licht und kein Licht ohne Schatten. Wenn du das nächste Mal deiner Angst begegnest, schau doch mal hin. Vielleicht ist sie gar nicht so groß, wie du immer dachtest, und dir in Liebe näher, als du glaubst.

Das Leben wird vorwärts gelebt und rückwärts verstanden

Geschrieben am 3. Jänner 2018

Dieses Zitat stammt von Kierkegaard und es beschäftigt mich immer wieder. Besonders am Jahresende bzw. am Jahresbeginn. Jedes Mal, wenn ich das alte Jahr Revue passieren lasse und mir überlege, was mir im neuen wichtig ist, bin ich immer aufs Neue erstaunt, wie klar mir aufgezeigt wird, was ich bereits verstanden habe, und was ich noch lernen muss. Mir wird gezeigt, wo und wie ich mich habe ablenken lassen. Und manchmal verstehe ich auch, warum. Manche Lebensthemen werden einfacher, manche bleiben gleich schwer. Immer wieder habe ich die Gelegenheit, Dinge zu lernen und manchmal spüre ich, dass für manche Themen die Zeit einfach noch nicht reif war oder ist. Manche Dinge sind noch zu schwer, um sie zu erfahren oder gar umzusetzen, aber Schicht um Schicht lege ich meine Themen frei und damit meinen Lebensweg und mein Lebensthema. Ich weiß, ich betone das immer wieder, aber ich bin wirklich sehr dankbar für mein Leben und all die Aufgaben, die ich bekomme. Natürlich gibt es Tage, an denen es mir nicht gelingen mag, positiv zu sein. An manchen Tagen fällt es mir schwer, aufzustehen und weiterzumachen, weiter zu hoffen, weiterzudenken, weiterzumachen und alles auszuhalten. Trotzdem gelingt es mir jeden Tag wieder, etwas zu tun oder etwas in mir zu finden, dass mir Kraft und Mut gibt. Eine positive, helle Kraft, weiter daran zu glauben, dass es weitergehen wird. Es gibt das Zitat: *„Am Ende wird es gut sein, und wenn es noch nicht gut ist, ist es noch nicht das Ende.“* Solange ich also noch zu lernen habe, solange weiß ich: Mein Leben ist noch nicht vorbei! Da ist noch so viel zu erfahren, zu erleben, zu lernen, und das gibt mir Mut und Kraft für alles, was da noch kommt!

Mit der Kraft des friedvollen Kriegers im Herzen.

Du findest kein glückliches Leben – du erschaffst es

Geschrieben am 7. Jänner 2018

Ich weiß nicht, wo ich diesen Satz gesehen, gelesen oder gehört habe, aber ich bin überzeugt, dass dieser Satz zu hundert Prozent stimmt. Der einzige Mensch, der für mein Glück verantwortlich ist, bin ich selbst. Das ist eine Wahrheit, die mir nicht nur die Freiheit gibt, jeden einzelnen Moment zufrieden zu sein, es ist auch die Wahrheit, die sich mir vor das Gesicht schiebt, wenn es mir einmal nicht so gut geht.

Es ist immer *meine* Entscheidung und das ist manchmal ganz schön hart – oder doch nicht?

Ich tendiere dazu, jedem Menschen die Verantwortung für seinen Glückszustand selbst zu geben. Egal, was mir passiert, ich kann es immer von mehreren Seiten betrachten. Ich habe *immer* die Wahl, wie ich reagiere, und ob und wie ich darauf re*agieren* möchte.

Wenn mir etwas Ärgerliches geschieht, bedeutet das immer, dass ich die Situation als ärgerlich be*werte*. Ich kann mich also dafür entscheiden, wütend zu werden oder ich kann mich dafür entscheiden, gelassen zu bleiben.

Besonders wenn mir klar wird, über wen oder was ich mich gerade ärgern möchte. Letztens ist es mir wieder passiert. Ich wartete fast zwei Stunden auf die Abholung für den Heimtransport aus dem Krankenhaus. Inzwischen ist das leider Realität für viele PatientInnen, aber als ich damals noch gefahren wurde, war die Sache noch viel einfacher. Mehrmals hatte ich mit der Telefonzentrale telefoniert, aber das hat natürlich nichts genutzt. Ich weiß auch, dass weder der Fahrer etwas dafür kann noch die Dame am Telefon, aber ich fühle mich ausgeliefert und hilflos, weil ich warten muss. aber muss ich das? Nein. Ich hätte zu jeder Zeit aus dem Spiel aussteigen können – ich hatte sogar mehrere Möglichkeiten und sie waren mir auch die ganze Zeit bewusst. Ich steckte einfach total in dieser Hilflosigkeit und damit im Krankenhaus fest. Auf einem unbequemen Sitz und in meiner eigenen Falle, denn in dieser Situation wären zumindest diese zwei Alternativen möglich gewesen:

1. Aufstehen und mit dem Taxi heimzufahren
2. Sich entspannen, einfach abzuwarten und Dinge sein zu lassen, die man nicht ändern kann

Auch aktuell ist meine Situation ein wenig anstrengend. Bla, bla, bla. Jeder hat seine eigene Geschichte. Es ist, wie es ist, denn egal, in welcher Situation man sich befindet: Es geht darum, das

Beste daraus zu machen, sich aufzuraffen und etwas *tun*. In die Aktivität zu kommen und damit sich selbst bestimmen. Egal, was da ist, jede Situation bietet immer mehrere Möglichkeiten. Man kann sich aufraffen und hinausgehen, man kann Freunde anrufen und/oder treffen, ein Buch lesen, den Fernseher auf- oder abdrehen. Ein Bad nehmen, eine Arbeit erledigen, die man längst fertig machen oder endlich beginnen wollte. Man kann kochen, Skifahren, wandern, Yoga üben, meditieren, schreiben, malen. Auch diese Liste ist hier beliebig zu erweitern. *Der Punkt ist, ich muss nicht daran festhalten, was ich gerade tue.* Ich muss nicht in diesen trübsinnigen Gedanken bleiben. Ich kann in jeder Situation etwas finden, was ich gerade machen *kann*! Die Gedanken bewusst zu den Dingen lenken, die ich kann, denn es bringt ja auch nichts, jetzt etwas zu wollen, dass sich nicht realisieren lässt.

Steckt man voll im Selbstmitleid, ist das natürlich schwer, doch hilft oft schon der erste Schritt, die erste Entscheidung und die erste Bewegung, um aus dem Loch wieder herauszukommen. Manchmal hilft zwar ein Schlammbad, also ein ausgiebiges Suhlen im Schlamm, um sich in diesem Leid auch einmal anzuerkennen und um Dinge zu weinen. Aber erstens ist es gut, auch mal aufzusehen, um zu sehen, ob es wirklich so ein tiefes Loch ist, in dem man sich befindet, oder doch eher eine kleine Mulde. Zweitens tut es gut, bewusst nach anderen Möglichkeiten Ausschau zu halten und sich nach einem ausgiebigen Schlammbad unter einer Dusche gut erfrischen. Ich lade wirklich dazu ein, in einer unangenehmen Situation auch zu reflektieren, ob man nicht selbst etwas tun kann, um diese zu verändern. Auch wenn es nur die innere Einstellung ist. Ich kann vielleicht die Umstände nicht ändern, meine Einstellung zur Situation aber immer.

Winterlimonade – die Zeit des Winters

Geschrieben am 13. Februar 2018

„Wenn das Leben dir Zitronen gibt, mach' Limonade daraus."

Ich mag dieses Zitat. Es sagt kurz und bündig: Was immer dir passiert im Leben, reg dich nicht auf, nimm, was kommt und mach etwas daraus! Aktuell ist es wirklich nicht besonders einfach für mich, mit meiner Krankheit umzugehen. Aber es gibt ja auch andere heftige Situation im Leben. Auch wenn man im Hinterkopf hat, dass es *nur* wieder ein neues Kapitel im Leben ist, und auch das vorbeigehen wird. Es gibt Situationen, da ist das ein schwacher Trost.

Es lohnt sich trotzdem, sich wieder und wieder (und wieder) daran zu erinnern, dass das Leben schon einmal anders war *und* auch wieder anders sein *wird*. Manchmal ist es einfach Zeit, eine Pause zu machen und sich für sich selbst Zeit zu nehmen. Zeit für weniger, Zeit für Rückzug und Kontemplation, Zeit für Reflexion und Neuorientierung, Zeit für eine Pause.

Es gibt diese Momente im Leben, in denen man sich wünschte, mehr Zeit zu haben für die Dinge, die uns wichtig sind. Mehr Zeit für sich selbst, um endlich das Buch zu lesen, das auf dem Nachtkästchen wartet, das Bild zu malen, den Kasten auszumisten, einfach nur mal auf der Couch zu sitzen, nichts zu tun zu haben, eine Reise zu machen, eine Ausstellung zu besuchen, einfach einmal Zeit zu haben im Wirbel des Alltags. Hinaus aus dem Hamsterrad, aber wie? Und dann bekommt man vom Leben Zeit geschenkt, und es ist nicht so schön, weil wir es uns anders vorgestellt haben. Weil wir uns nur Gutes vom Leben wünschen und nicht leiden wollen. Weil man in dem Moment auf einmal gar nicht weiß, was man mit der Zeit anfangen soll.

Wir werden immer wieder aus unserem Alltag gerissen. Ob es uns gefällt oder nicht. Positive Veränderungen genauso wie eine lästige Grippe oder eine andere Krankheit. Egal, was passiert. Es hindert uns daran, „weiterzustrudeln" oder zu uns zu ärgern. Im ersten Moment ist man dann vielleicht sogar richtig sauer auf sich und seinen Körper. Leben und Alltag sind nur oberflächlich konstant. Alles, was begonnen hat, hört auch wieder auf. Das schöne Gefühl genauso wie die mühsame Situation. Egal, wie anstrengend oder schön. Ist man einmal in dem Rhythmus, kann man sich kaum vorstellen, wie es ist, wenn es nicht mehr ist. Man macht einfach weiter. Loslassen? Geht das? Geht es dann weiter? Und wenn ja, wie? Manchmal bleiben wir in Situationen einfach, weil wir nicht wissen, wie wir aufhören sollen.

„Wenn es stressig wird, verlässt uns unsere Vorstellungskraft und wackelt das Vertrauen in das Leben."

Wir wissen alle: Pausen sind wichtig. Vor allem in Situationen, in denen wir denken, keine Pause machen zu können. Pausen ermöglichen uns, über das, was geschieht, nachzudenken und wenn nötig eine Kurskorrektur vorzunehmen, sich einen Überblick zu verschaffen darüber, was von all den Dingen, die wir alle gleichzeitig tun, gerade überhaupt wichtig ist. Wir wissen, dass nichts Bestand hat, und trotzdem können wir uns oft nicht lösen.

Ich konnte mir nicht vorstellen, loszulassen. Trotzdem ich spürte, dass ich das alles nicht mehr schaffen kann. Mein Körper hat bereits sehr deutlich angezeigt, dass es so nicht mehr weitergeht. Wie immer in den Momenten, wo ich die Entscheidung nicht treffen kann, wurde für mich entschieden. Auf einmal ist alles anders und die Welt dreht sich weiter.

Alles ist anders, aber es geht weiter. Die Sonne geht jeden Morgen auf und die Tage vergehen. Ist Loslassen wirklich die einzige Sicherheit?

Zum Loslassen gibt es einen Witz, den Mooji sehr lustig erzählt:

Ein Mann fällt von einer Klippe, kann den Rand greifen, hält sich
mit aller Kraft fest und ruft nach Hilfe: „Hallo! Ist da jemand?"
Nach einiger Zeit antwortet eine Stimme: „Ja!"
Der Mann fragt: „Wer ist da?"
Und die Stimme antwortet: „Gott!"
Der Mann kann sein Glück kaum fassen und sagt: „Gott! Hilf mir!"
Die Stimme antwortet: „Ich helfe dir gerne, alles, was du machen
musst, ist loszulassen."
Der Mann sieht sich um, glaubt es nicht und ruft wieder: „Hilfe!
Kann mir jemand helfen?"
Und wieder antwortet die Stimme: „Vertrau mir! Lass einfach los!"
Und der Mann ist verzweifelt und fragt: „Ist da noch jemand anderer?"

Das Video LET GO von Mooji findest du auf Youtube [14].

Wir lachen darüber, weil wir nicht in der Situation sind, sie uns aber sehr bekannt ist. Zum Loslassen gehört eine große Portion Vertrauen. Vertrauen darauf, dass alles gut werden wird, auch wenn man nicht weiß, was kommt. Loslassen bedeutet Kontrolle aufzugeben, die wir oft ohnehin nicht haben. Meine Angst ist hier wirklich oft das größte Hindernis. Ich kann mir einfach nicht *vorstellen*, wie es anders gehen kann als so. Interessanterweise kann ich manches supergut loslassen. Ich habe ein tiefes Vertrauen, dass es weitergeht. Trotzdem. Manche Dinge loszulassen, hat echt noch mal viel Mut und Kraft gekostet. Pläne und Ziele sind etwas, das ich wirklich schwer loslassen kann. Und oft auch gar nicht vollständig loslassen muss. Nur für den Moment. Ich hatte nicht begriffen, dass Pause nicht Ende bedeutet.

Vor Kurzem habe ich ein Interview mit Kris Carr[15] gehört. Was mich besonders berührt hat, war, dass sie davon sprach, dass wir

---

14 https://www.youtube.com/watch?v=1O6RizcAigs
15 Sie hat die Bewegung „Crazy, Sexy Cancer" gegründet. Es gibt einen
    Film, ein Buch, einen Blog.

alle unseren eigenen Rhythmus haben. Jeder von uns hat in seinem Leben Phasen, in denen es wichtig ist, weniger zu tun, und in denen es wichtig ist, sich zurückzuziehen, um auszuruhen und sich neu zu orientieren, ein persönlicher Winter sozusagen. Loslassen und Dinge beenden, um Platz für Neues zu schaffen. Platz für das, was da noch kommen möchte oder jetzt gerade wichtiger ist.

Und so wie es den Winter gibt, kommt dann auch der Frühling, wo die Kraft wiederkommt und man sähen kann, wo es gilt vorzubereiten und Dinge zu beginnen, auszumisten, was nicht mehr gebraucht wird, und frisch zu starten, um dann später, im Sommer genießen und ernten zu können. Den Herbst zu nutzen, um alles einzuholen und sich vorzubereiten auf einen neuen Winter. Der Mensch ist ein zyklisches Wesen. Wir leben im Rhythmus der Jahreszeiten, der Wochen, Tage und Stunden und trotzdem fällt es uns so schwer, den eigenen Winter zu leben, wenn da draußen so viel Sommer ist bzw. uns ein möglicher ewiger Sommer vorgegaukelt wird. Den ewigen Sommer gibt es nicht.

Der Mensch wird geboren, er lebt und er stirbt. Die Natur zeigt uns vor, wie es geht. Wird es zu früh warm, fürchten sich die Bauern davor, dass die ersten Keimlinge einen möglichen Frost nicht überstehen. Nur für uns soll dieser Zyklus nicht mehr gelten. Wir glauben, die ewig laufende Batterie zu haben. Niemals Ruhe geben und die Show am Laufen zu halten. Die Regel, dass sich Phasen der Kraft mit Phasen der Ruhe abwechseln müssen, wird ignoriert. Ich bin richtig enthusiastisch, weil ich endlich begriffen habe, dass ich eine Pause machen darf, und dass das nicht bedeutet, meine Ziele aufzugeben.

Pause bedeutet Rückschau zu halten, Strategien zu prüfen und zu ändern, wo Verbesserungen nötig sind. Aufhören, ständig zu tun, ohne nachzudenken, was das bedeutet. Anzunehmen, Akzeptieren, Loslassen. Manchmal ist es einfach nicht die Zeit dafür, die Welt im Sturm zu erobern. Pause ist kein Schlussstrich, sondern ein Atemholen. In dem Moment, wo ich begriffen habe, dass es an mir liegt, gut mit meinen Jahreszeiten umzugehen und sie für mein persönliches Wachstum zu nutzen, konnte ich besser umgehen mit meinem Rückzug aus der Welt.

Glück ist eine Entscheidung

Geschrieben am 24. Februar 2018

Glück ist für mich ein Zustand der höchsten Zufriedenheit. Ein Gefühl der Leichtigkeit, der Freude und der Vollkommenheit. Ein Moment, in dem ich nichts anderes brauche und alles gut ist, wie es ist. Wenn ich dieses Gefühl fühlen möchte, brauche ich nicht viel. Alles rund um mich herum kann es auslösen und ich kann aktiv etwas dazu tun. Das finde ich großartig. Ich bin mir inzwischen sicher, dass der Schlüssel zum Glück die Dankbarkeit ist, und um dankbar zu sein, baucht es Aufmerksamkeit und die Entscheidung, dass ich glücklich sein und aktiv etwas dafür tun möchte. Glück ist eine Entscheidung.

Wenn ich glücklich sein will, muss ich mich auch bewusst dafür entscheiden. Ich muss wollen. „Müssen" verwende ich gar nicht so gerne. Hier drückt es aber aus, dass es eine Notwendigkeit gibt. Wenn ich mich entscheide, glücklich sein zu wollen, braucht es nicht nur Motivation. Es braucht auch Aktion, denn Glück ist ein Moment. Will ich diesen Moment öfter erleben, dann ist es notwendig, auch aktiv zu werden. Will ich den Tag beginnen, muss ich aufstehen. Will ich ein Haus bauen, brauche ich einen Plan und Baumaterial und jemanden, der es baut. Der Wunsch allein reicht nicht. Ich muss ins Tun kommen, um irgendwann einmal in ein fertiges Haus einzuziehen.

Ich glaube, jeder war schon einmal glücklich. Auch wenn man sich nicht darum bemüht. Das Leben schenkt uns Momente, auch, ohne dass wir etwas dafür tun müssen. Meistens sind es Momente der Ruhe oder wir bekommen etwas, das dieses Gefühl in uns auslöst. Ich kann aber das Gefühl von Glück oder Zufriedenheit bewusst herbeiführen. Voltaire hat es schon gewusst, als er in seinem berühmten Zitat meinte: „Da es sehr förderlich für die Gesundheit ist, habe ich beschlossen, glücklich zu sein." Ich sehe das auch so und entscheide mich einfach immer öfter für Handlungen, die mir helfen, in diesen Zustand zu kommen. Krank zu sein ist meiner Meinung nach anstrengend genug, da muss ich nicht auch noch unglücklich sein.

Kein Zustand sollte einen davon abhalten, sich Glück in sein Leben zu holen. Es kann auch wirklich sehr einfach sein und kann durch regelmäßige Wiederholung geübt werden.

Tu etwas für dein Glück

Wie ich schon erwähnt habe, ist es zunächst einmal nötig, sich für das Glück zu *entscheiden*.

Täglich treffen wir viele Entscheidungen. Bewusst und unbewusst. Aufstehen, Duschen, Zähneputzen, Tee oder Kaffee, Semmel oder Brot, zu Fuß, mit dem Auto oder den Öffis, Arbeit oder nicht, freundliches oder unfreundliches Gesicht. Blick auf das Handy gesenkt oder in die Umgebung. Schon am Morgen entscheiden wir uns unglaublich oft, auch wenn es Routinen sind. Wir entscheiden uns dafür. So kann ich mich in jedem Moment auch dafür entscheiden, glücklich sein zu wollen. Es braucht eigentlich nur Aufmerksamkeit, ein wenig Konsequenz und Entscheidungskraft.

Dankbarkeit ist eine der wunderbarsten und einfachsten Methoden glücklich zu sein

Ich liebe die Interviews mit Louise Hay und höre die Vorträge von Hay House sehr gerne. Mich beeindruckt Louise Hay, weil sie es verstanden hat, wie wichtig die Dankbarkeit ist, um glücklich zu sein. Ich fand es wunderbar, dass sie als einen der ersten Gedanken am Morgen einen Dank an ihr Bett und ihre Decke schickt. Darüber hatte ich wirklich noch nie nachgedacht! Ein erholsamer Schlaf gelingt aber eben am besten, wenn man in einem warmen, angenehmen Bett in einem ruhigen Zimmer liegt. Dass ein erholsamer Schlaf überhaupt nicht selbstverständlich ist, wissen leider viel zu viele Menschen. Eine Nacht durchzuschlafen kann ein echtes Geschenk sein, für das man sehr dankbar sein kann. Das Gefühl ausgeruht aufzuwachen, ist für mich inzwischen ein Luxus. Leider wird vieles recht schnell selbstverständlich. Das Sich-Erinnern hilft, sich auf die kleinen Dinge zu besinnen. Schlaf an sich ist schon ein Grund dafür, dankbar zu sein, noch dankbarer könnte man sein, dass man gut geschlafen hat.

Ich übe mich darin, immer öfter daran zu denken, dankbar dafür zu sein, *dass* ich aufwache und dass mein Körper trotz der vielen Anstrengungen noch immer funktioniert und meine Lunge immer noch atmet. Trotz allem habe ich nach wie vor Momente, in denen ich mich nicht eingeschränkt fühle. Beim Schreiben beispielsweise spüre ich Inspiration, Ruhe und vor allem die Kraft, diesen Text zu schreiben. Dafür bin ich dankbar und das macht mich zufrieden. Die Sonne scheint ins Wohnzimmer. Wir sind vor Kurzem umgezogen. Ich war in der Lage, vieles zu organisieren und hatte noch die Kraft, uns hier einzurichten. Ich bin dankbar, dass alles so gelaufen ist. Alles, was geschehen ist, hat zu diesem Moment geführt, in dem ich in einem hellen, sonnendurchfluteten Zimmer sitzen und diesen Text schreiben kann.

Bewusstsein und Achtsamkeit

Wenn ich durch das Leben wandle, ohne mir Gedanken zu machen, und meine Aufmerksamkeit nur auf Dinge lenke, die mich stören, wird es mir schwerfallen, glücklich zu sein. Ich will damit nicht sagen, dass wir alles Negative ausblenden sollen. Im Gegenteil. Ich finde es wichtig, sich auch die negativen Gefühle anzusehen. Wut, Ärger, Hass sind Gefühle, die in uns wirken und großen Schaden anrichten können, wenn wir nicht hinsehen. Auch die Umwelt dafür verantwortlich zu machen, ist wenig hilfreich.

Jede Emotion, jedes Gefühl, das ich fühle, gehört mir, ist Teil von mir und möchte gehört und gesehen werden. Wenn ich mir das bewusst mache, kann ich, wenn eine Emotion „hochkommt", hinschauen und nachfragen, woher sie kommt und wer sie ist. Ich mache das besonders gerne in der Meditation. Da kommt gerne mal ein Gedanke hoch und wird oft von einer Emotion begleitet. Sobald ich beginne, die Emotionen anzusehen, kann ich erkennen, was sie sind. Meistens nehme ich ihnen auf diese Weise das Potenzial, mir Angst zu machen oder sie mächtiger aussehen zu lassen, als sie sind. Je länger ich meditiere, umso wunderbarer finde ich es. Nach einer Meditation fühle ich mich leichter und wieder ein Stück mehr „heil". Durch das Meditieren schaffe ich es immer mehr, meine Anteile zu integrieren oder aufzulösen, was nicht mehr zu mir gehört oder nicht mehr passt. Werde ich mir darüber bewusst, was ich denke und was ich wann fühle, kann ich leichter und besser darauf Einfluss nehmen und es steuern. Dann bin ich nicht mehr Sklave meiner Emotionen, Gefühle und Gedanken. Ich kann Einfluss nehmen und das Gelernte weiter üben und immer klarer werden. Das Leben bietet mir hier ein weites Übungsfeld.

Eines meiner Lieblingszitate ist von Dalai Lama. Vermutlich hat er es nicht ganz so gesagt, aber es heißt: *„Ich glaube, der Zweck unserer Existenz ist glücklich sein."* Unser Leben kann Leiden bedeuten. Jeder von uns erlebt Herausforderungen, die uns auch übermächtig erscheinen können. Trotzdem kann ich inmitten solch einer anstrengenden Lebenssituation auch glücklich sein und Glück erleben. Es geht eben auch darum, sich bewusst dafür zu entscheiden, lieber glücklich als unglücklich sein zu wollen. Und dann eben auch entsprechende Handlungen zu setzen. Ich kann mich über schlechtes Wetter ärgern oder mich über einen gemütlichen Nachmittag freuen. Ich kann mich selbst bemitleiden oder die Möglichkeiten sehen, die ich habe. Ich kann eine Grippe als Hindernis sehen, in die Welt zu gehen, oder als Möglichkeit, meinem Körper mal wieder etwas Ruhe und Schlaf zu gönnen und den Weckruf zu hören, um in Zukunft aufmerksamer auf die Signale zu hören, die mir mein Körper sendet.

Entscheidungsfähigkeit, Achtsamkeit, Bewusstsein und Dankbarkeit sind Tools, die mir helfen glücklich zu sein, auch wenn mein Leben gerade mal wieder anstrengend ist. Ich habe aktuell viel Zeit und wenig zu tun. Mein Bewegungsradius wird durch den Schlauch bzw. die Füllmenge meines Sauerstoffgeräts eingeschränkt, mein Wollen oder Können durch die reduzierte Leistungsfähigkeit meines Körpers. Mein Körper ist aktuell mehr damit beschäftigt, mich trotz einer schwächer werdenden Lunge am Leben zu halten. Ich kann das Leben als Strafe sehen oder als Labor – als einen Ort der vielfältigsten Möglichkeiten, mich und meine Kraft auszuprobieren und auf die Probe stellen zu lassen. Ich kann das Leben zu einem Feld machen, in dem ich täglich nach Dingen Ausschau halte, für die ich dankbar sein kann. Momente, die mir zeigen, wie schön das Leben ist, und mir helfen, mich dafür zu entscheiden, glücklich zu sein.

Das Glück auf der Yogamatte üben

Man sagt, dass das Üben von Yoga auf unseren Yogamatten in dem „Yoga-Raum", den wir uns selbst erschaffen, ein Labor sei. Ein Raum, in dem wir uns beobachten können, wo in einem geschützten Bereich mit unseren Stärken und Schwächen, unseren

Emotionen, unseren Ängsten gegenüberstehen und ohne „Störungen" von außen üben können, was im „echten" Leben oft schwer ist. Im Alltag sind wir abgelenkt von dem, was uns umgibt, beschäftigt, ablenkt, und sind doch auch mit all dem konfrontiert, was uns auf der Yogamatte erwartet. Unsere Gedanken und Emotionen. Alles, was wir schon einmal erlebt haben, alles, was wir erkannt haben, wird zu einer Ressource, die wir auch im Alltag einsetzen können. So hilft uns das Üben von Yoga, besser mit dem zurechtzukommen, was in uns ist.

Harald-Alexander Korp schreibt in seinem Buch „Lachen mit Buddha": *„In Tibet sind die Menschen glücklicher, weil sie davon ausgehen, dass das Leben Leid bedeutet, und sich über Kleinigkeiten freuen und dankbar sind. Im ‚Westen' glauben wir, das Leben habe für alle immer schön und einfach zu sein, und wir leiden, weil das Leben für uns Herausforderungen bereithält, die uns helfen zu wachsen und uns über das Glück bewusst zu werden, das wir haben."* Also ist auch, wenn man es von dieser Seite betrachtet, „Glücklichsein" eine Entscheidung darüber, was ich vom Leben erwarte und wie ich mit dem umgehe, was mir geschieht. Glücklichsein ist eben eine Entscheidung, die ich immer wieder zu treffen habe, und die von mir jeden Tag, wenn ich die Augen öffne und in jedem Moment getroffen werden kann.

Der wichtigste Gedanke für das Glück

Geschrieben am 19. Jänner 2018

Ich bin Spezialistin darin, das Gute im Schlechten zu sehen. Darin übe ich mich bereits mein ganzes Leben lang. Wenn ich darüber nachdenke, ist das wohl eine der wichtigsten Ressourcen, die ich schon als Kind entwickelt habe und die mir jetzt zur

Verfügung stehen, um mich immer wieder selbst zu motivieren weiterzumachen, positiv zu bleiben und meine ganze Kraft einzusetzen, um für jede Situation einen positiven Ausgang als einzig mögliches Szenario zu akzeptieren. Natürlich gibt es trotzdem auch bei mir immer wieder Momente, in denen ich darauf vergesse und bin dankbar, in solchen Momenten wieder daran erinnert zu werden.

Mir hilft, dass ich weiß, dass jede Situation, und ist sie noch so unangenehm, anstrengend oder herausfordernd, wieder enden wird. Das ist sowohl Trost als auch Hilfe. Ich freue mich jedenfalls auf einen stabilen Zustand nach der OP. Aber auch eine Behandlung kann im Fall einer Krankheit eine gewisse Lebensqualität zurückbringen, mit der man zufrieden sein kann. Manchmal gibt es dieses absehbare Ende aber ohne Termin. Ich hoffe auf eine Spenderlunge, die mir ein Weiterleben ermöglicht, und mit der das Atmen und das Leben wieder leichter wird. Das Warten macht mich auch ungeduldig. Ich möchte einfach wieder ohne Anstrengung atmen. Das Leben unter 20 Prozent Lungenfunktion ist anstrengend und manchmal erscheint mir meine Situation unerträglich. Ich will es einfach nur hinter mir haben und möchte, dass es mir wieder einfach gut geht.

Ich glaube, was mir immer wieder hilft weiterzumachen, ist das Vertrauen, dass alles, was ich erlebe, gerade diese Situation, wichtig für und mein Lebensziel ist. Ich vertraue darauf, dass ich etwas Neues zu lernen habe, um zu sein, wer ich in Zukunft sein soll.

Da ich auf meine erste Lunge nicht wirklich gewartet habe, kenne ich den Zustand des Wartens gar nicht. Die Zeit, in der es mir jetzt schlecht geht, ist im Vergleich zu vor meiner ersten Transplantation eher kurz. Ich erinnere mich, dass die Zeit, in der es mir jeden Tag schlechter ging, zwar sehr anstrengend war. Aber ich hatte irgendwie auch keine Pläne. Ich habe einfach dahingelebt. Irgendwie habe ich gespürt, dass alles gut werden würde. Ich habe mir ehrlich gesagt kaum Gedanken über die Zukunft gemacht, sondern mein Leben einfach so gut ich konnte gelebt. Nach jahrelanger Krankheit konnte ich mich an das Gefühl des

„Gesundseins" gar nicht erinnern. Ich habe einfach immer das Beste daraus gemacht.

Das Wissen um die Chance, mit einer neuen Lunge wieder „normal" leben zu können und wieder Kraft zu haben, macht mich dieses Mal wohl weniger geduldig. Die Vorfreude kribbelt in all meinen Zellen. Ich freue mich darauf, mich bald wieder lebendig zu fühlen und bin oft ungeduldig wie ein kleines Kind. Manchmal ärgere ich mich über mich selbst, wenn ich mich schlecht fühle. Ich mag das einfach nicht. Dann denke ich positive Gedanken. Es ist schon OK, und ich brauche es auch, mich manches Mal selbst ganz arm zu finden. Ich brauche es dann auch, in den Arm genommen und getröstet zu werden, doch halte ich diesen „Arm-Zustand" nicht wirklich lange aus. Ich suche – und finde – immer wieder Wege, mich trotzdem zu „bewegen" und mit der Welt in Kontakt zu treten. Trost und Ruhe finde ich in der Meditation und in der Arbeit an und mit mir selbst. Jedes Mal, wenn ich negative Gedanken habe, erinnere ich mich daran, was alles noch möglich ist. Ich scherze gerne, dass ich wohl eine der wenigen Menschen bin, die dreimal geboren werden in nur einem Leben. Es ist meine Überzeugung, dass ich aus jedem Leben etwas mitnehme, das ich im nächsten umsetzen kann. Vom „ersten" Leben zu diesem war es sicher die Erkenntnis, dass ich alles kann, wenn ich nur will, und die Grenzen in meinem Kopf sind.

„Positive Gedanken zu denken tut einfach viel besser, als sich in negativen Gedanken, Ängsten und Vorwürfen zu baden."

Wenn ich nach einem Grund für diese neue Lernerfahrung suchen will, geht es dieses Mal wohl darum, endlich Entscheidungen zu treffen. Entscheidungen, die nötig sind, um in einen angenehmen Zustand zu kommen. Dazu muss ich ein paar Dinge ändern. 1. Aufhören mich selbst anzutreiben. Die Realität anzunehmen, statt sie zu ignorieren und zu leiden. Ich höre auf, mich abzulenken und beginne auf Zeichen zu achten. Dann lenke ich meine Energie dahin, wo es sich leicht anfühlt. Dadurch schaffe ich mir Räume für das, was gerade möglich ist. Ich kann auch endlich aufhören an schlechter Laune, Unzufriedenheit und Selbstmitleid zu leiden. Die Folge: ich bin zufriedener und halte die Augen offen. So finde ich auch Lehrer, wie Bücher, Videos oder Vorträge, die mir in diesem Moment helfen, neue Gedanken zu denken oder altes Wissen wieder zu aktivieren und mich zu erinnern.

Ich habe mir ein Interview von Ophra Winfrey mit dem buddhistischen Mönch Thich Nhat Hanh angehört. [16] Es hat mich sehr beeindruckt. Der Meister sagte: „When *you breath in and you are aware, that you are alive, and that is already a miracle.*" Übersetzt bedeutet es: „Wenn du einatmest und du dir bewusst wirst, dass du lebst, das ist bereits ein Wunder."

Ich wurde ganz demütig, denn mir wurde bewusst, dass trotz allem Leben in mir fließt, für das ich dankbar sein kann. Ich atme schließlich noch. Mein Körper funktioniert auf eine wunderbare, unglaublich sensationelle Art und Weise. Ich bin dankbar für das Leben, das ich lebe und ich bin dankbar, der Mensch zu sein, der ich bin. Ich bin dankbar dafür, in einem Land zu leben, in dem es überhaupt möglich ist, als eigentlich sterbender Mensch eine Chance auf ein Weiterleben zu bekommen. Ich bin dankbar für die Jahre, in denen es mir gut ging und für diesen besonderen Moment, in dem ich wiedererkennen durfte, dass das größte Geschenk das Leben selbst ist.

Ich atme und lebe – ein Grund, dankbar zu sein

Über kleine Dinge, die uns im Leben so passieren, vergessen wir darauf, dass in jedem Moment das Leben an sich das größte Wunder ist. Ich bin sehr dankbar, immer wieder darauf aufmerksam

---

16 https://www.youtube.com/watch?v=dG2mMU1loGk

gemacht zu werden, wie wertvoll jeder einzelne Moment ist. Thich Nhat Hanh lehrt, in jedem Moment achtsam zu sein, seine Gefühle wahrzunehmen und sie an- und ernst zu nehmen. Sie zu integrieren, um in jedem Moment vollkommen und ganz zu sein. Ein wunderbares Lebensziel.

Nur wer loslässt, hat die Hände frei

Geschrieben am 15. Jänner 2018

„So I close my eyes to old ends. and open my heart to new beginnings." – „Also schließe ich meine Augen vor den alten Enden und öffne mein Herz für neue Anfänge."

Diesem Zitat bin ich auf Pinterest begegnet und hat mich inspiriert. Ich bin gerade in so einer Situation. Ich spüre, dass es notwendig ist, Altes loszulassen und da ist so viel Neues, das entstehen möchte! Ich freue mich über die viele Impulse, die in mir wachsen und bin gleichzeitig überfordert von der Wucht, weil ein Teil in mir sofort alles umsetzen will. Das hat mich in den letzten Tagen innerlich schön zerrissen und es war wirklich schwer, das auszuhalten, denn dieser Prozess war ein Energiefresser. Ich finde die Lösung im Loslassen. Loslassen im Sinne von Beobachten. Etwas Seinlassen und sehen, was sich aus diesem Gedanken entwickelt. Ich sehe immer wieder das Bild eines Phönix vor mir. Schon nach der ersten Transplantation habe ich mich mit einem Phönix verglichen. Der Phönix lässt sich ja sogar irgendwie selbst zurück, um aus der Asche neu zu werden. Nach der Lungentransplantation 2010 hatte ich das Gefühl, neugeboren zu sein und es ist unglaublich, wie sehr sich mein Leben in den Jahren verändert hat und mit ihm ich mich selbst. Transformation braucht vor allem eines: Ruhe. Und mein Körper zwingt mich dazu, still zu sein. Mein Geist schlägt dafür Purzelbäume und sprudelt über vor lauter Ideen. Es ist eine anstrengende Zeit, denn aktuell fühle ich vor allem Hilflosigkeit und Frust, nichts tun zu können. Das ist wohl auch genau das, was ich loslassen darf. Seinlassen und beobachten. *„Loslassen ist gar nicht so einfach, aber vielleicht nur deswegen, weil wir zu viel darüber nachdenken?"* Genauso ist es, also hab ich beschlossen, die Augen zu schließen und das Herz zu öffnen. Die Augen schließen vor den alten Enden.

Nur im Annehmen des gegenwärtigen Zustands finden wir Frieden

Im Yoga bedeutet dies, die Konzentration, die Aufmerksamkeit vom Außen ins Innen zu lenken. Über die Augen, wird gesagt, „verlieren" wir das meiste Prana, die Lebensenergie, und durch das Zurückziehen der Sinne fällt es uns leichter, uns nach innen zu konzentrieren und unsere Gedanken anzuschauen. Das Herz öffnen für neue Anfänge. Das hat mir so gut gefallen, weil es für mich bedeutet, loszulassen, vollkommen zu vertrauen und zu lieben, was ist. Annehmen, was ist, bedeutet aufzuhören gegen das zu kämpfen, was man nicht ändern kann. Es ist anstrengend und gleichzeitig ein Geschenk, so bewusst durch all diese Prozesse hindurchzugehen. Das Herz zu öffnen bedeutet auch, den Verstand ruhig werden zu lassen und zu beginnen mehr zu fühlen. Die Trauer, die Wut und die Verzweiflung genauso wie Freude, Liebe und Glück.

Vertrauen in das, was ist, heißt für mich zu erkennen, dass mir alles, was ich in diesem Moment brauche, bereits zur Verfügung steht. Es muss mir nur noch bewusst werden.

Und dann traue ich mich loszulassen, schließe meine Augen vor den alten Enden und öffne mein Herz voller Vertrauen für die neuen Anfänge. Wann immer sie denn kommen mögen.

NACHGEDANKEN

All diese Worte habe ich vor ungefähr drei Jahren geschrieben. Heute, wo ich sie für dieses Buch noch einmal lesen, denken und fühlen durfte, sind sie mir selbst wieder sehr nahegekommen. Dieses Buch veröffentlichen zu dürfen, ist erneut ein Geschenk. Ein Geschenk, weil es ein Traum von mir ist und war, meine Geschichte zu teilen, meine Gedanken und Erlebnisse. Nicht nur, um davon zu berichten und dadurch selbst ein Stück Heilung zu erfahren. Vor allem, weil ich diese Heilung, dieses Gefühl des „Heilseins", auch ohne vollkommene Gesundheit so vielen anderen Menschen wünsche wie möglich. Ich bin so unendlich dankbar, dass ich es gar nicht in Worte fassen kann. Ich danke allen Menschen, die mein Leben berührt haben, die auf die eine oder andere Weise Lehrer für mich waren und mir so geholfen haben, an diesen Punkt zu gelangen. Das erneute Lesen meiner Gedanken hat mir auch gezeigt, wo ich noch zu lernen habe. Wir erfahren etwas, erkennen es, und doch geht es wieder verloren, so lange, bis wir es zu unserer ureigenen Wahrheit gemacht haben. Heute stehe ich wieder an einem Punkt, an dem ich glaube zu verstehen, was meine Aufgabe ist. Glaube zu verstehen, wie ich mein Leben leben soll. Und alles werde ich wieder loslassen – für neue Erkenntnisse und Lehren. Solange ich leben darf, werde ich lernen. Werde ich lernen, ruhiger zu werden, mehr anzunehmen und vielleicht auch einmal ohne Pläne und Projekte zu leben. Aber bis dahin habe ich noch einiges zu tun.

VIDEOS

Ich habe mehrere Videos auf meinem Youtube-Kanal veröffentlicht.

Unter anderem über die Photopherese, Lungentransplantation in Österreich und das Thema Umgang mit Tranplant-PatientInnen.

HILFE IN KRISENSITUATIONEN

Unterstützungsangebote und Tipps für die Freizeit mit kleinem Geldbeutel

Diese Liste zu veröffentlichen ist mir ein Riesenanliegen. Meine Kollegin Kathrin Prosegger[17] ist hier meinem Impuls gefolgt und hat ihre jahrelange Erfahrung zusammengetragen. Sie weiß aus ihrer eigenen Geschichte, wie schwierig es sein kann, mit einer Behinderung, die man nicht sieht, umzugehen. Als Kriegerin des Herzens ist sie für mich ein großes Vorbild, denn sie hat es geschafft, über ihre Schatten und Ängste zu springen und sich Unterstützung zu holen. Inzwischen unterstützt sie selbst Menschen und engagiert sich bei diversen Vereinen, um anderen Menschen Mut zu machen.

Kathrin schreibt am Beginn der Liste: *„Im Leben gibt es Phasen, wo man nicht weiterweiß, Unterstützung braucht oder einfach mal jemanden zum Reden. Es ist kein Zeichen von Schwäche, sich in diesem Fall Hilfe zu holen oder Tipps von Profis, Außenstehenden oder (ehemaligen) selbst Betroffenen anzunehmen. Viele der Angebote sind kostenlos oder bieten sogar Hilfe in finanziellen Notlagen!"*

Wenn alles zu viel ist – Notdienste
- *Rat auf Draht (für Kinder und Jugendliche)* ☎ *147*
- *Österreichweite Telefonseelsorge* ☎ *142 – täglich 0–24 Uhr, kostenlos*
- *Sozialpsychiatrischer Notdienst* ☎ *(01) 31330 – täglich 0–24 Uhr, kostenlos*
- *Kriseninterventionszentrum Wien http://www.kriseninterventionszentrum.at/,* ☎ *01/406 95 95 (Mo–Fr 10–17 Uhr)*

---

17 https://www.kathrinpro.com/

Wenn die Seele Hilfe braucht
- *PsychoSoziale Information* ☎ *(01) 4000/53060*
  Für allgemeine Auskünfte und Informationen
- *Dachverband der Wiener Sozialeinrichtungen*
  (mit Links zu den diversen Organisationen)
  https://www.dachverband.at/der-dachverband/mitglieder/
- *Psychiatrien in Wien (bezirksabhängig, mit Ambulanzbetrieb)*
  https://www.wien.gv.at/sozialinfo/content/de/10/SearchResults.
  do?keyword=Psychiatrie+im+Krankenhaus
- *PSD Wien – Sozialpsychiatrische Ambulatorien (je nach Heimat-*
  bezirk)

Betreuung durch Psychiater, Tagesbetreuung, Psychotherapie, Sozialarbeit
https://www.psd-wien.at/einrichtungen/adressen.html
- *Psychotherapie zum Sozialtarif*
  https://ambulanz.sfu.ac.at/de/weitere-angebote/psychotherapie/
- *P.A.S.S. www.pass.at – Hilfe bei Suchtproblemen*
  (Prävention, Angehörigenarbeit, Suchtberatung, Suchtbehandlung)
- *SoWhat – Kompetenzzentrum für Menschen mit Essstörungen –*
  kassenfinanziert!
  Www.sowhat.at
- *Pro Mente https://www.promenteaustria.at/de/home/*
  Angebot variiert von Bundesland zu Bundesland, auf der Home-
  page ersichtlich
- *Pro Mente Wien https://www.promente.wien/*
  Unterstützung in den Bereichen Arbeit, Wohnen, Begleitung,
  Freizeit, Selbsthilfe
- *PSZW – Psychosomatisches Zentrum Waldviertel www.pszw.at*
  Stationäre Therapie, Traumatherapie

Services in Österreich
- *Sozialministeriumservice www.soziaministeriumservice.at*
  Für Förderungen, Sozialentschädigungen, finanzielle Unterstüt-
  zung, Pflegeunterstützungen
- *Österreichischer Behindertenrat & Frauen mit Behinderung*
  https://www.behindertenrat.at/bereich/frauen-mit-behinderungen/

- *Unterstützungsfonds der Österreichischen Gesundheitskasse*
  Für Hilfe in finanziellen Notlagen (bei Arzt- und Therapiekosten, Krankentransport …)
  https://www.gesundheitskasse.at/cdscontent/?contentid=10007.837925
- *ÖZIV – Bundesverband für Menschen mit Behinderung*
  Bietet Coaching, Beratung, Rechtsdatenbank, Arbeitsassistenz, Weiterbildung
  https://www.oeziv.org/
- *KOBV: Kriegsopfer und Behindertenverband www.kobv.at*
  Beratung und Unterstützung für Menschen mit Behinderung (jeglicher Art), Sozialarbeit, Beratung, Unterstützung bei Behördenangelegenheiten
- *Lebenshilfe www.lebenshilfe.at*
  Interessensvertretung, Dienstleistungen im Bereich Wohnen, Arbeiten und Unterstützung im Alltagsleben

Services der Stadt Wien
- *WIG: Wiener Gesundheitsförderung*
  Viel Infomaterial online! www.wig.or.at (Bewegung, Ernährung, seelische Gesundheit)
- *Selbsthilfegruppen: https://www.wig.or.at/SHG-Verzeichnis.50.0.html*
- *Immer wieder Infoveranstaltungen in ganz Wien*
- *Fonds Soziales Wien*
  Pflege und Betreuung, Leben mit Behinderung, Wohnungslosenhilfe
  www.fsw.at, 01/24 5 24 (täglich 8-20 Uhr)
- *www.mindbase.at*
  Die digitale Plattform für psychische Gesundheit. Ein Angebot der Stadt Wien.
- *Selbsthilfegruppen-Verzeichnis*
  https://www.stadt-wien.at/gesundheit/selbsthilfegruppen-plattform-zur-selbsthilfe.html

Wenn im Alltag Hilfe nötig ist ...
- *Hilfswerk www.hilfswerk.at*
  Pflege & Betreuung, Unterstützung für Familien, 24-h-Betreuung, Tageszentren
- *Inclusion24 www.inclusion24.com*
  Dienstleistungsunternehmen, Abbau von Barrieren im Alltag für Menschen mit Behinderung
- *Beratung, Sensibilisierung, Weiterbildung, unterstützte Kommunikation, Webinare, Fokusgruppen, Chatbots, Digitalisierung, Barrierefreiheit*
- *Assistenz24 www.assistenz24.at*
  Persönliche Assistenz, Unterstützung zu Hause, Erwachsenenvertretung
- *Equalizent https://www.equalizent.com/*
  Qualifikationszentrum für Gehörlosigkeit, Schwerhörigkeit, Gebärdensprache und Diversity Management
- *Essen auf Rädern*
  https://shopmahlzeit.gourmet.at/oder
  https://www.samariterbund.net/pflege-und-betreuung/essen-auf-raedern/uebersicht/

Wenn die Arbeit über den Kopf wächst ...
- *WienWork www.wienwork.at*
  Arbeitsplätze für Menschen mit Behinderungen, chronischen Erkrankungen oder Langzeitarbeitslosen und Beratung
- *Fit2work www.fit2work.at*
  Beratung und Unterstützung bei gesundheitlichen Problemen am Arbeitsplatz. Kostenlos!
- *MyAbility www.myability.org*
  Inklusion von Menschen mit Behinderung am Arbeitsmarkt, Unterstützung für Unternehmen, Jobplattform, myability-Talent: Programm für Studierende
- *Re-integra*
  http://www.reintegra.at/
- *ABAk – Arbeitsassistenz für AkademikerInnen mit Behinderung und/oder chronischer Erkrankung www.abak.at*

Wenn Vereine helfen können …
- *Verein ChronischKrank www.chronischkrank.at*
- *Verein LOK – Leben ohne Krankenhaus www.lok.at*
  Teilbetreutes Wohnen und Unterstützung für Menschen mit psychischen Erkrankungen
- *Forum Lichterkette https://www.lichterkette.at/*
  Betroffene kämpfen gegen die Stigmatisierung psychischer Erkrankungen
- *Verein Ex-In Österreich*
  Ex-In-Genesungsbegleiter (Betroffene von psychischen Erkrankungen) helfen nach Absolvierung der Ausbildung als Peers anderen Betroffenen (in Krankenhäusern, Psychiatrien, Tageszentren, Tagesbetreuung …)
- *Verein Mobbing-Selbsthilfe: https://spade.at/*
- *HPE: Hilfe für Angehörige und Freunde psychisch Erkrankter www.hpe.at (Wien & österreichweit)*

Wenn noch Freizeit übrig ist …
- *Bewegt im Park www.bewegt-im-park.at*
  Kostenlose Bewegungskurse von Juni bis September, österreichweit
- *Kulturpass*
  Kostenloser Eintritt in Museen, Kinos etc. für Menschen mit geringem Einkommen
- *Gratis in Wien*
- *https://www.1000things.at/blog/dinge-kostenlos-in-wien/*
- *https://www.momondo.at/discover/wien-kostenlos-erleben*
- *https://www.herold.at/blog/wien-gratis-tipps/*

PH (Lungenhochdruck) –
Eine seltene aber nach wie vor unheilbare Erkrankung

Wie Rani Gindl schon zu Beginn ihres Buches schreibt, war sie selber PH-Patientin. Aber was genau bedeutet das? Pulmonale Hypertonie, kurz PH oder unter dem Begriff Lungenhochdruck bekannt, ist eine seltene aber nach wie vor unheilbare Erkrankung die jeden Menschen in jedem Alter treffen kann und ohne Behandlung tödlich verläuft.

Was passiert da im Körper?

Das menschliche Herz ist ein hohler Muskel, der aus zwei Pumpkammern besteht. Die linke Herzhälfte pumpt das Blut durch die große Körperschlagader (Aorta) und die rechte Herzhälfte pumpt das Blut durch die Lungenarterie (Pulmonalaterie), wo Anreicherung mit Sauerstoff erfolgt. Wenn durch verschiedenste Ursachen wie z.B. Entzündung, Gerinnsel, Herzfehler, aber auch aus ungeklärten Ursachen, die Lungengefäße verengt werden und der Blutdruck ansteigt, dann wirft die rechte Herzhälfte gegen einen erhöhten Widerstand Blut aus. Der erhöhte Blutdruck führt zu einer Erweiterung der Pumpkammer (Rechtsherzdilatation), zur schweren Herzschwäche und schließlich zum Rechtsherzversagen. Von diesem Schicksal sind ungefähr 700 PatientInnen in Österreich betroffen.

PH Austria – Initiative Lungenhochdruck und der Lungenkinder Forschungsverein

Die PH Austria – Initiative Lungenhochdruck ist ein gemeinnütziger Verein, der alle, die an Lungenhochdruck leiden, dabei unterstützt, Zugang zu Informationen, Behandlungen, und Unterstützungsleistungen zu bekommen. Zudem vertritt der Verein Betroffene und setzt sich für eine frühere Diagnose, bessere Betreuung, höhere Lebensqualität und ärztliche Versorgung ein. Mit dem zugehörigen Lungenkinder Forschungsverein wird die Forschung an Therapiemöglichkeiten für Lungenhochdruck gefördert beziehungsweise ermöglicht.

Ein Schicksalsschlag, oder wie alles begann

Lungenkinder Forschungsverein: Der Lungenkinder Forschungsverein wurde 1999 von Gerald Fischer ins Leben gerufen, dessen Tochter Maleen im Alter von nur drei Jahren die Diagnose „Idiopathische pulmonal-arterielle Hypertonie" erhielt. Der Verein wird bis heute von ihm geleitet. Auch Maleen Fischer, der die Ärzte damals aufgrund fehlender Therapiemöglichkeiten in Österreich, eine Lebenserwartung von maximal drei Jahren attestierten, lebt und macht mit ihrer Geschichte vielen Betroffenen Mut.

Kinder mit Lungenhochdruck

Wie Maleen müssen Kinder mit Lungenhochdruck heute besonders viel ertragen. Körperlich und seelisch: Viele Kontrolluntersuchungen, zum Teil sogar unter Narkose. Laufen, Spielen, Tanzen, bleibt diesen Kindern versagt, weil sie sofort außer Atem sind. Radfahren, Rollschuh fahren und Skifahren ist gefährlich, da sie starke Blutverdünner einnehmen. Und wenn sich ein Kind einen einfachen Schnupfen holt, endet es so gut wie immer im Krankenhaus. Auch Baden und Schwimmen ist nicht möglich. Sogar der Besuch eines Kindergartens und einer Schule ist den meisten Kindern mit Lungenhochdruck versagt – sie leben in einem permanenten Lockdown zu Hause. Kein Wunder, dass sie sich oft einsam fühlen.

Forschungsprojekte, die etwas bewegen

Aktuell trägt der Lungenkinder Forschungsverein zur Erstellung einer Genbank bei Kindern mit PH sowie den dafür nötigen, aufwändig erweiterten Genanalysen bei. Das Projekt wird seit 2017 an der Kinderklinik der MedUni Wien durchgeführt. Mithilfe der erweiterten Genanalysen sollen bekannte, aber auch seltene und bisher unbekannte Mutationen erfasst und Krankheitsverläufe besser einschätzbar werden, womit eine Möglichkeit für individualisierte Therapien geschaffen werden kann.

An der Universität Innsbruck forscht indes ein Team um Univ.-Prof. Ralf Geiger an einer Möglichkeit, die richtige Therapie für an Lungenhochdruck leidende Kinder leichter zu bestimmen. Der „6-Minuten-Gehtest" ist eine einfache, effiziente, genaue und sichere Methode, um die funktionelle Trainingskapazität bei Erwachsenen zu messen; jetzt hat das Forscherteam einen 6-Minuten-Gehtest speziell für Kinder entwickelt.

Nun ist die Entwicklung einer App für den klinischen Gebrauch geplant, in der Referenzwerte eingetragen und Referenzkurven berechnet werden: Sie könnte weltweit in jedem pädiatrischen, kardiologischen und pulmologischen Zentrum gute Dienste leisten.

Der Verein „Lunge Aktiv" unter Leitung des Transplantpulmologen Dr. Peter Jaksch fördert sportliche Aktivitäten lungenkranker Menschen sowie wissenschaftliche Projekte rund ums Thema Sport und Lungenkrankheiten. Mit der Projektreihe „Höhenbergsteigen mit lungentransplantierten Patienten" will der Verein beweisen, dass nach einer Transplantation auch physisch vieles möglich ist. So wurde im September 2019 der 4.167 Meter hohe Jebel Toubkal in Marokko bestiegen. Vierzehn Lungentransplantierte aus Österreich, Ungarn, Deutschland, Griechenland und Italien waren dabei. Auch dieses Projekt unterstützte der Lungenkinder Forschungsverein der PH Austria – Initiative Lungenhochdruck, um das Leben von PH-Betroffenen zu verbessern.

Wir, das Team von PH Austria, haben Rani Gindl als eine starke, inspirierende Persönlichkeit kennengelernt. Ihr Buch „Mein Leben, meine Lungen-Transplantation und ich" gibt Betroffenen wie nicht-Betroffenen Einblicke in ihren Weg und macht Mut! Dafür danken wir ihr – wir unterstützen immer gerne!

Gerry, Monika und Eva

ww.lungenhochdruck.at

DIE AUTORIN

Schon früh beschäftigt sich Rani Gindl mit dem Sinn des Lebens. Die Diagnose Lungenhochdruck zwingt die Autorin, sich mit der eigenen Sterblichkeit und dem Sinn des Lebens zu beschäftigen. Nach einem Burn-out folgt die Ausbildung in Yoga, Ayurveda und Burn-out-Prävention. Kurz danach kommt es zur ersten Lungentransplantation. Es folgen private Veränderungen, nichts bleibt, wie es war. Sie kehrt aus dem Burgenland nach Wien zurück und beginnt das Studium der Indologie. Dieses schließt sie unmittelbar vor der zweiten Lungentransplantation mit dem Bachelor ab. Ihr Hauptanliegen ist es, das Wissen um ein gesundes und aktives Leben – trotz und mit Krankheit – weiter zu geben. Rani Gindl studiert im Masterstudium und arbeitet an ihrem zweiten Buch. Ihre privaten Interessen sind Schreiben, Yoga, Kochen und Wandern. Rani Gindl lebt mit ihrem zweiten Mann und Hund in Wien.

DER VERLAG

VINDOBONA
VERLAG · SEIT 1946

ein Verlag mit Geschichte

Bereits seit 1946 steht der Vindobona Verlag im Dienst seiner Bücher und Autoren. Ursprünglich im Bereich periodisch erscheinender Journale tätig, präsentiert sich der Verlag heute als kompetenter Partner für Neuautoren am deutschen, österreichischen und schweizerischen Buchmarkt. Engagement, Verlässlichkeit und Sachverstand – das sind die Grundpfeiler, auf denen der Verlag seit jeher sicher steht.

Sie möchten mit Ihrem Werk das vielseitige Verlagsprogramm bereichern? Der Vindobona Verlag garantiert Ihnen eine professionelle Prüfung Ihres Manuskriptes durch das Lektorat sowie eine zeitnahe Rückmeldung.

Genauere Informationen zum Verlag
finden Sie im Internet unter:

www.vindobonaverlag.com